科学のとびら43

乱用薬物の化学

井上堯子 著

東京化学同人

目　次

はじめに

覚せい剤の中毒作用が原因の事件・事故や、急性中毒による死亡事故がたくさん起こっています。

覚せい剤乱用者が、たまたま通りがかった主婦二名と幼児二名を刺し殺し、さらに主婦を人質に料理店に立てこもったいわゆる東京深川通り魔事件や、新幹線の中で、近くに座っていた出張帰りのグループに、「うるさい」と文句をいって、突然そのうちの一人を刺し殺した事件など、無差別に無関係の人を殺傷した凶悪な事件を、覚えておられる方も多いと思います。そのほかの例をいくつかあげてみますと、ホテルの一七階に部屋をとった男性が、刃物で部屋のベランダ側のガラスを割ってパンツ一枚の格好でベランダに降り、自分の腕を切りつけたり、意味不明の奇声を発したり、テラスにぶら下がるなどしているうち、地上に落下し、全身打撲で即死した事故があります。死亡者の尿から覚せい剤が検出され、宿泊していた部屋からは、覚せい剤や注射器が発見されました。また、覚せい剤の作用で「人に殺される」という被害妄想を抱いた男性が、車で逃げ回った挙句、用水フェンスに衝突し、車を乗り捨てたのち、工事現場から角材を拾い、近くの駐在所に行って、ガラスを割っているところを取押さえられたという事件もありました。その際、取押さえた人の側頭部を角材で殴打し、全治一週間の傷害を与えています。覚せい剤の影響で錯乱状態になり、自室に灯油をまいて放火をしたという事例もあります。さらにはつぎのような例もあります。

「いつものように、居間でのんびりとテレビを見ていると、『殺してやる』と叫びながら包丁を振りかざした兄が突然飛び込んできました。家中を逃げ回り、なんとかトイレに逃げ込んだのですが、そのドアを蹴りつけ、『出てこい』、『殺してやる』と叫び続けていました。そのうち静かになったので、ドアのすき間から様子をうかがうと、兄はいなくなっていました。そして、兄は、空の風呂桶の中にうずくまり、『殺される』、『助けてくれ』と泣きながら震えていました。」(「ドラッグ——たった一度から始まる破滅への道」、日本広報協会(一九九九))。

これは、やさしかった兄が、覚せい剤のために、家族の手には負えないような状態になっていった様子をつづった家族の手記の一部です。勤めていた会社が倒産し、再就職活動がうまくいかず、結婚まで考えていた彼女ともケンカ別れをして、ムシャクシャしていたとき、雑誌で見た覚せい剤を一回だけ試してみたのがすべての始まりでした。

このように、薬物を乱用することの悲劇は、単に乱用者自身の身体的・精神的な問題にとどまらず、乱用者を取巻く家族、さらには社会全体の問題となることです。薬物乱用の結果、社会行動や健康がおかされ、病気、失業、離婚、家庭の崩壊、さらには殺人・傷害などの凶悪犯罪を引起すまでに至ったりしています。また、「コカイン・ベビー」に代表されるように、つぎの世代にまでも薬物乱用の影響を与えることも大きな問題です。

一方、薬物の密売が莫大な利益を産むことから、国際的な広がりをもって暴力団やマフィアなどの犯罪組織がその取引きに深く関与しており、国によっては、国家の政治や経済にまで影響を及ぼすに至っています。

薬物の乱用は、世界各国で大きな社会問題となっており、また、その流通・取引は、国際的規模で行われていますので、サミットのたびに、主要テーマの一つとして取上げられてきています。また、国際連合でも麻薬特別総会が開催されて、二十一世紀における国際的な麻薬対策が討議されています。

日本では、一九九七年、内閣総理大臣を長とする薬物乱用対策推進本部から「薬物乱用防止のための五カ年戦略」が発表され、国内の薬物乱用問題の解決と世界の薬物乱用問題の解決に貢献することを目標に、さまざまな対策が練られています。しかし、覚せい剤取締法違反で検挙される者が年間二万人近くにのぼり、特に、ここ数年、中高生の検挙者の増加が著しく、第三次覚せい剤乱用期（第二次世界大戦直後の一九五五年ごろまでを第一次乱用期、年間検挙者数が二万四〇〇〇人を超えた一九八四年前後を第二次乱用期といいます）に突入したと懸念されていて、事態はますます深刻化する状況にあります。

薬物乱用のない社会にするためには、さまざまな面からの薬物事犯取締りの強化はもちろんですが、一人一人が乱用の恐ろしさを理解し、学校、家庭、地域社会が協力して乱用防止に努めることが重要と考えられます。

本書では、薬物乱用の恐ろしさを正しく理解していただくための一助として、日本および欧米諸国で乱用されているさまざまな薬物の代表的なものについて、その化学的な性状、薬理作用、中毒作用などについて紹介したいと思います。また、薬物取締りには、各薬物の検出や確認、使用者の特定が重要な課題の一つとなりますが、このために使われている検査法や新しい取組みについても概説したいと思います。

第一章　薬物乱用の現状

日本における薬物乱用の現状

医薬品は、病気などの治療のために用いられるものです。医薬品を治療以外の目的で使用することを、薬物の乱用といいます。薬物の乱用の様相を何を尺度として評価するかは難しいところですが、それぞれの薬物取締法に違反して検挙された者の推移でみてみると、図1・1のようになります。現在、覚せい剤取締法、麻薬及び向精神薬取締法とあへん法、大麻取締法違反で検挙された者は、年間それぞれ約二万人、約四〇〇〇人、約一一〇〇人で、日本において乱用される薬物は、圧倒的に覚せい剤です。

覚せい剤事犯で検挙された者の約四〇%が暴力団関係者です。所持や譲渡で検挙された者ではその割合は五〇%近くなり、覚せい剤の不正取引に暴力団が深くかかわっていることがうかがわれます。また、検挙者の約半数を再犯者が占めることは、薬物とのつながりをなかなか断ち切れないこ

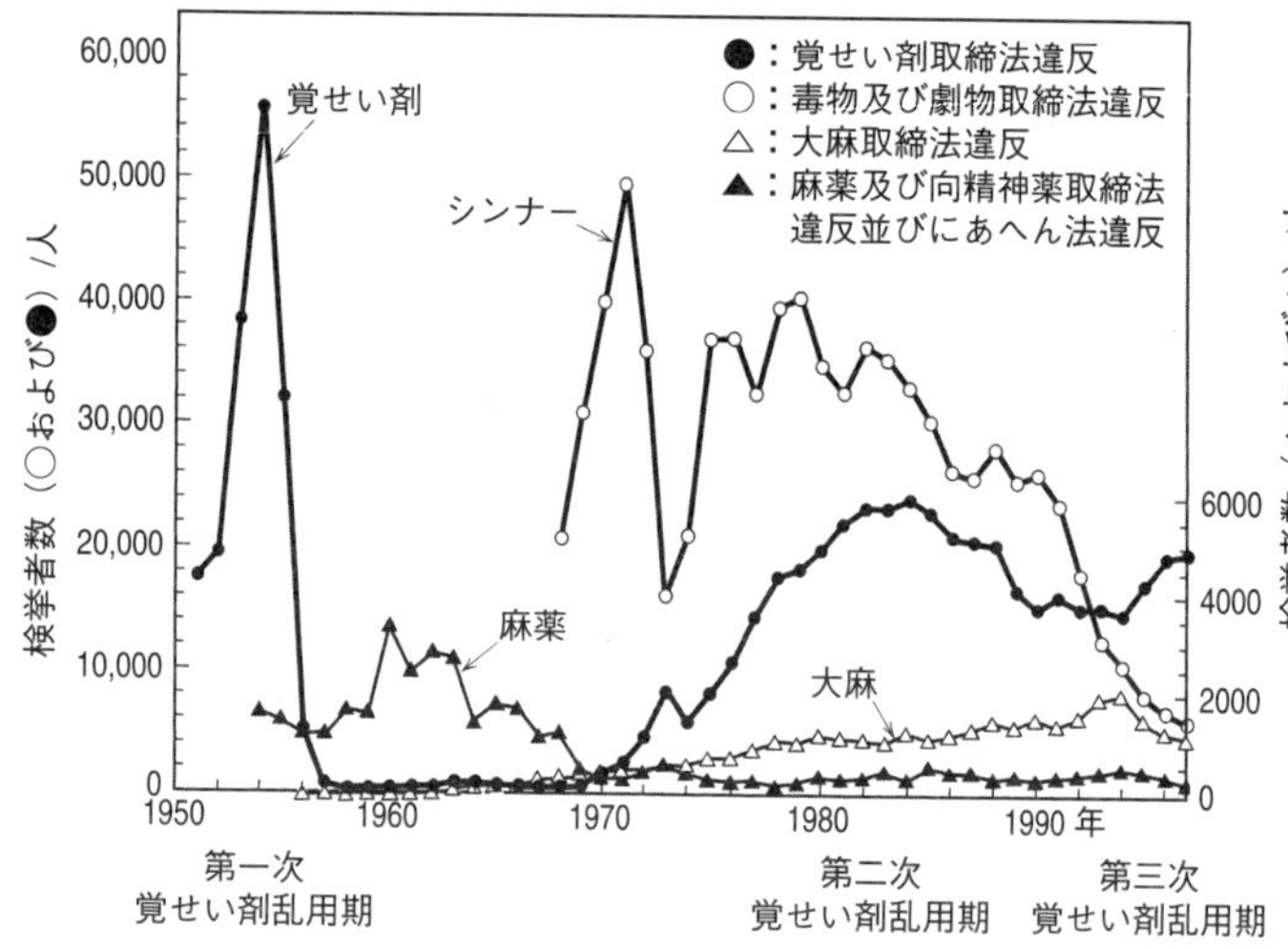

図1・1　薬物事犯による検挙者数の推移

とを示しています。

最近の薬物乱用の問題点として、覚せい剤事犯検挙者が再び増加している（図1・1）ことがあげられます。未成年者、特に中学生、高校生の増加が著しく、覚せい剤の乱用が若年層へも浸透している状況がみられます（図1・2）。この背景として、携帯電話や留守番電話、コインロッカーを利用するなどの取引の巧妙化、注射によらない使用方法の広がりや「エス（S）」、「スピード」などと名前を変えることによるイメージの変化などがあります。また、来日外国人、とくに街頭でキャッチセールス的に密売したりしているイラン人の関与の増加も指摘されています（図1・3）。

さらに、大麻、コカイン、ヘロイン事犯の増加やMDMA（幻覚剤の一種）などの新し

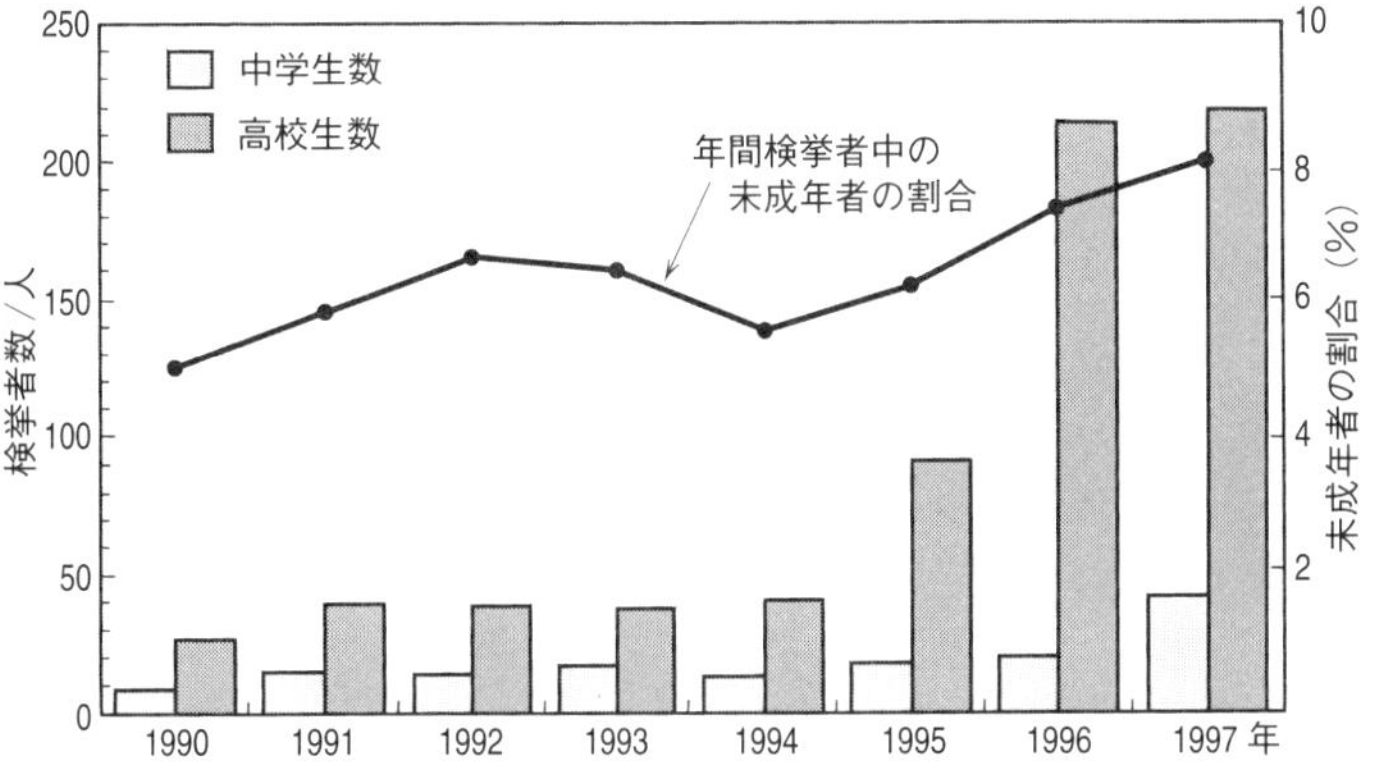

図１・２　少年による覚せい剤事犯の年次変化

い薬物の乱用が認められ、乱用される薬物が多様化する傾向がみられることも憂慮されています。海外旅行の一般化やインターネットなどによってさまざまな情報を簡単に入手できるようになったことなどの影響で、薬物乱用も「国際化」しつつあるといえます。

覚せい剤事犯で検挙された者に、覚せい剤を使用し始めた動機を聞いてみると、「どんな気持ちになるのか経験してみたかった」と回答した者が約六五％を占めていて、好奇心から始める者が圧倒的に多いことがわかります。また、一九九七年五月、文部省が八二五校、約七万八千余人の児童・生徒を対象にして実施した「覚せい剤等の薬物に対する意識等調査」によると、「薬物は絶対に使うべきではないし、許されることではない」と答えた人の割合は学年が進むにつれて低くなり、逆に、「他人に迷惑をかけていないので、使うかどうかは個人の自由である」、「一回くらいなら使ってもかまわない」と答えた人が増え、高校三年男子では約二〇％にも達してい

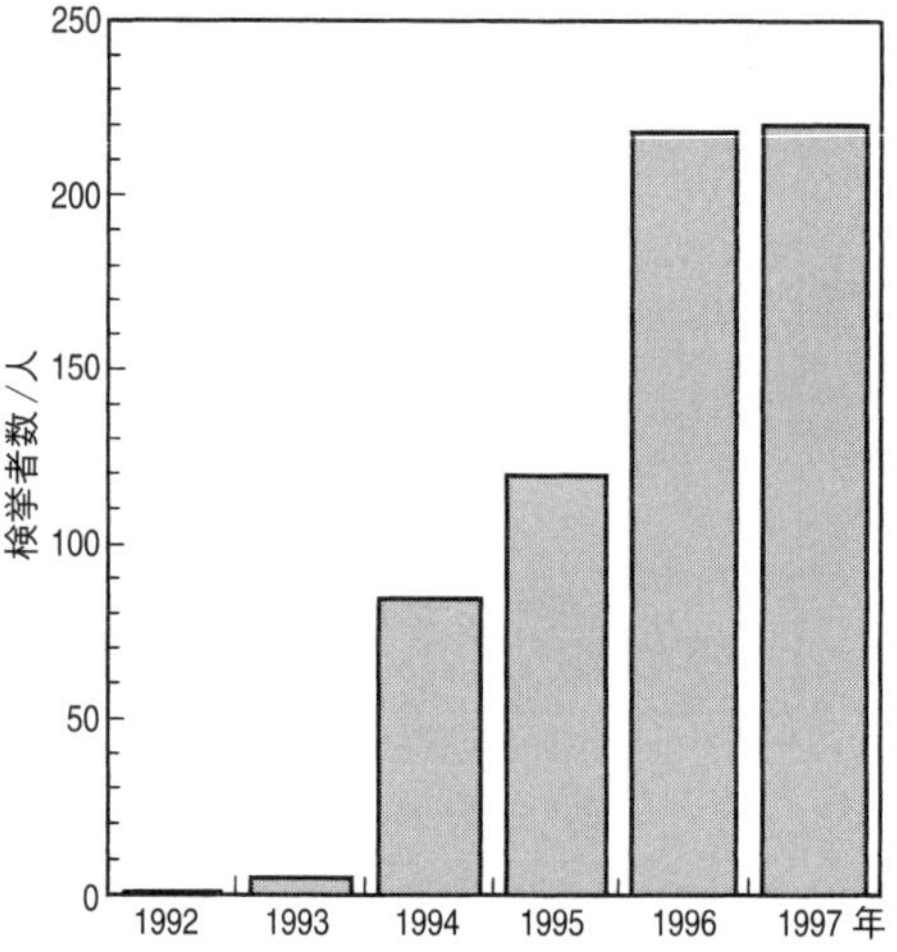

図1・3　覚せい剤事犯で検挙されたイラン人数の年次変化

ました。薬物に対する印象として、「心や体がぼろぼろになる」、「使ったり、もっていたりするのは悪いことだ」など否定的な印象を選択して回答している人が五〇～八五％と高い比率を占めてはいますが、「よい気持ちになれる」と答えた人が、高校三年男子で二六％、「ダイエットや眠気覚ましに効果がある」と答えた人が、高校三年女子で九％あり、「遊び感覚」で薬物に手を染める人がいることがうかがわれます。

　また、薬物の乱用という定義からは少しはずれますが、鎮静・催眠作用をもつベンゾジアゼピン系薬物などの向精神薬の凶悪な犯罪への悪用が増加していることも問題となっています。これらの薬物をコーヒー、ジュース、アルコール飲料などに混ぜて飲ませたあと、強盗（いわゆる昏睡強盗）、強姦、殺人などの犯行に及ぶ事件も多くみられます。一九九八年十二月二十八日平塚で、さらに翌年一月六日藤沢で、若い女性が相次いで変死体で発見されるという事件がありました。捜査の結果、これは、伝言ダイアルで知り合った男に、トリアゾラムなど催眠性の薬物を飲まされ、お金などを取られたあと、意識もうろうとしている状態のまま寒空の下に置き去りにされたことがわかりました。さらに、この男は、一九九八年十月ごろから何度も同じような手口で昏睡強盗を繰返していたこともわかりました。

日本における薬物乱用の歴史

日本における薬物乱用の歴史を振返ってみると、第二次世界大戦前は、全国でも数百人程度の人々があへんの吸煙やコカインの吸入などをしていたに過ぎませんでした。しかし、終戦を機に様相が大きく変化しました。戦後の混乱期に、軍に貯蔵されていた覚せい剤が、他のさまざまな物資と同様、一般に放出されて乱用され、大きな社会問題となったのです。これらの覚せい剤は、最初、芸能人や文筆家などの間で用いられていましたが、だんだんと、徹夜で勉強する学生や夜間仕事をする社会人などにも広く用いられるようになりました。当時は覚せい剤の依存性や精神毒性といった危険性が知られていませんでしたので、ふつうに市販されてもいました。最も知られた覚せい剤が「ヒロポン」という商品名のものです。しかし、覚せい剤の使用が広がるにつれ、その依存性、精神毒性が社会問題化し、一九五一年に覚せい剤取締法が制定されて、厳重な規制を受けるようになりました。各方面の協力のもとで、取締りが強力に進められた結果、図1・1に見られるように、年間検挙者数は一九五四年の五万五六六四人をピークに急激に減少して、一九五七年以降は一〇〇〇人以下となりました。

この覚せい剤乱用の嵐が鎮静化した一九六〇年前後からは、ヘロインが流行し始め、一九六三年には、年間検挙者が三二六五人に達しました。また、同じころ、青少年の間では、いわゆる「睡眠薬（催眠剤）遊び」が流行し、特にメタカロン（商品名ハイミナール）の乱用が各地で問題となりました。催眠剤の乱用で補導された少年の数は、東京都内だけでも、一九六三年に、一九七九人を数えていました。睡眠薬遊びが鎮静化すると、一九六五年ごろからは、代わって、シンナーが乱用され始めました。一時、検挙補導された少年は年間三万五〇〇〇人を越え、最近は減少傾向にはあるものの、いまだに大きな社会問題となっています。

一九七〇年ごろからは再び覚せい剤が乱用されるようになりました。一九八一年には年間検挙者が二万人を越えるという高い水準で推移し、その後、若干減少するかにみられましたが、ここ数年再び増加傾向にあります。

乱用される薬物の種類

「くすり」は、そもそも病気の治療に必要なものです。その使用は、決して悪いことではないはずです。では、薬物の乱用が問題となるのは、なぜでしょう。

薬物の乱用とは、世界保健機構（ＷＨＯ）の薬物依存に関する専門委員会で、「医学的な常識を故意に逸脱した用途、あるいは用法で、薬物を多量に摂取する行為である」と定義されています。たとえば、覚せい剤を精神科で治療薬として用いるのではなく、健康な人が疲労回復や眠気覚ましの手段として用いたり、医薬品ではありませんが、シンナーを陶酔感にひたるために吸入することなどが薬物の乱用にあたります。このような誤ったくすりの使用（乱用）によって、さまざまな身体的、精神的障害が引起こされ、それがいろいろな問題を生じさせるのです。

乱用される薬物は、脳などの中枢神経系を興奮させたり、あるいは抑制して、不安感や身体的苦痛を除去したり、爽快感、多幸感、幻覚などをもたらす薬物ですが、その大部分が依存を形成します。依存性薬物は多種多様で、その作用、依存性、耐性（薬物を反復使用するうち、同じ効果を得るために摂取量を増加させなければならなくなる現象）などから、表１・１に示すように、八つの型に分類されています。薬物依存は、生体と薬物の相互作用によって変化した中枢神経系の適応状態の一つと考えられますが、大別して、精神依存と身体依存の二つの様式があります。最初の体験（初期体験）の快感が忘れられず、再び快い状態になりたいという欲求が非常に強く生じ、自制心が打ち負かされて、薬物の摂取が反復される状態が精神依存の形成です。そして、薬物中止により身体的に激烈な苦痛を伴う禁断症状が生じる状態が身体依存の形成です。

八つの型の第一は、「モルヒネ型」で、おもな薬物は、「けし」からとれるあへん、モルヒネ、コデイン、さらにモルヒネからつくられるヘロインなどがあります。

第二は、「バルビツール酸系催眠剤およびアルコール型」で、バルビツール酸系催眠剤やベンゾジアゼピン系催眠剤、アルコールがこの型の依存性薬物に属します。この二つの型の薬物は、いずれも、中枢神経系に対して抑制効果を示します。

表1・1　依存性薬物の分類

薬物の分類	中枢神経作用	精神依存[†1]	身体依存[†1]	耐　性[†1]	おもな薬物
モルヒネ型	抑制	＋＋＋	＋＋＋	＋＋＋	あへん，モルヒネ，ヘロイン，コデイン
バルビツール酸系催眠剤およびアルコール型	抑制	＋＋	＋＋＋	＋＋	バルビタール，フェノバルビタール，フルニトラゼパム，トリアゾラム，アルコール
コカイン型	興奮	＋＋＋	－	－	コカイン
大麻型	抑制	＋＋	－	－	マリファナ，大麻樹脂，ハシッシュオイル
覚せい剤型	興奮	＋＋＋	－	＋＋	アンフェタミン，メタンフェタミン
カート型	興奮	＋＋	－？	－？	カート[†2]，カチノン，カチン
幻覚剤型	興奮	＋	－	＋＋	LSD，PCP，メスカリン，MDMA
有機溶剤型	抑制	＋＋	＋？	＋？	シンナー，トルエン，酢酸エチル

†1　＋は作用があることを示す．＋が多いほど作用が強い，－は作用がないか，少ないかを，？は作用が不明であることを示す．

†2　東アフリカ一帯に産する植物で，その葉を嚙むと覚せい剤様の興奮作用を示す．

第三は、「コカイン型」で、代表的な薬物は、コカという植物の葉に含まれるコカインです。中枢神経系に対しては、興奮作用を示します。

第四は、「大麻型」で、乾燥した大麻草のマリファナ、樹脂を固めた大麻樹脂、さらに樹脂を抽出したハシッシュオイルなどがあります。中枢神経系に対しては、抑制効果を示します。

第五は、「覚せい剤型」で、代表的な薬物はメタンフェタミンとアンフェタミンです。いずれも、化学的に合成された、中枢神経を興奮させる物質です。

第六は、「カート型」です。カートは、東アフリカ一帯に産する潅木（かんぼく）で、その葉を噛むと、覚せい剤のような興奮作用を示します。その作用を示す主成分は、カチノンとカチンです。

第七は、「幻覚剤型」で、ＬＳＤ（リゼルギン酸ジエチルアミド）、ＰＣＰ（フェンシクリジン）、メスカリン、ＭＤＭＡ（三、四－メチレンジオキシメタンフェタミン）など、種々の幻覚剤があげられます。中枢神経系に対しては、興奮作用を示します。

第八は、「有機溶剤型」で、おもなものとして、シンナー、トルエン、酢酸エチルなどがあげられます。中枢神経系に対しては、抑制効果を示します。

日本における乱用薬物の取締り法規

薬物の乱用は、個人の問題だけにとどまりません。家庭を崩壊させ、一般社会に害毒を流し、さ

表1・2　依存性薬物の日本での法規制

薬物の分類	おもな薬物	日本での規制法規
モルヒネ型	あへん，モルヒネ，ヘロイン，コデイン	麻薬及び向精神薬取締法，あへん法
バルビツール酸系催眠剤およびアルコール型	バルビタール，フェノバルビタール，フルニトラゼパム，トリアゾラム，アルコール	麻薬及び向精神薬取締法
コカイン型	コカイン	麻薬及び向精神薬取締法
大麻型	マリファナ,大麻樹脂,ハシッシュオイル	大麻取締法
覚せい剤型	アンフェタミン，メタンフェタミン	覚せい剤取締法
カート型	カート，カチノン，カチン	カチノン，カチンは麻薬及び向精神薬取締法
幻覚剤型	LSD，PCP，メスカリン，MDMA	麻薬及び向精神薬取締法
有機溶剤型	シンナー，トルエン，酢酸エチル	毒物及び劇物取締法

らには国の治安をも脅かす問題となってきます。そこで、乱用される恐れのある薬物は、各国ごとに、さまざまな法的規制がとられています。日本においては、現在、乱用薬物は、覚せい剤取締法、麻薬及び向精神薬取締法、あへん法、大麻取締法によってそれぞれ厳しく規制されています。さらに、トルエン、シンナー、接着剤、塗料などの吸入に関しては、毒物及び劇物取締法によって規制されています。日本での乱用薬物の各取締り法規による規制状況を、表1・2に示します。

覚せい剤取締法では、フェニルアミノプロパン（一般名アンフェタミン）、フェニルメチルアミノプロパン（一般名メタンフェタミン）および各その塩類が対象となっています。表1・1の中では覚せい剤型の薬物に相当します。この法律ではさらに、エフェドリン、クロロエフェドリンなど、現在のところ一〇種の化合物が覚せい剤原料として規制対象となっています。

麻薬及び向精神薬取締法（一九九〇年「麻薬取締法」から改正）では、一三六種の化合物が麻薬として、また七七種の化合物が向精神薬として指定され、その取扱いが規制されています。麻薬は、その来歴から三種に大別されます。

第一は、「けし」からとれるアルカロイドおよびそれを原料として合成されるもので、モルヒネ、ヘロイン（ジアセチルモルヒネ）、コデインなどがあります（表1・1中のモルヒネ型薬物）。アルカロイドとは、植物に含まれる塩基性窒素化合物の総称です。

第二は、南アメリカ西部原産のコカノキ科の植物であるコカの葉に含有されるアルカロイドを原料とするもので、代表的なものとしてコカインがあげられます（表1・1中のコカイン型薬物）。

第三は、まったく化学的に合成される麻薬で、多種多様な薬物が指定されています。乱用が問題となっている代表的な薬物としては、ＬＳＤ、ＰＣＰ、メスカリン、ＭＤＭＡなどの幻覚剤があります（表1・1中の幻覚剤型薬物）。

向精神薬としては、抗不安薬、抗うつ薬あるいは鎮静・催眠薬として医療の場面でよく用いられているベンゾジアゼピン系薬物やバルビツール酸系薬物が数多く含まれています（表1・1中のバルビツール酸系催眠剤型薬物）。向精神薬は、その乱用による危険性と医療上の有用性との兼ね合いから第一種〜第三種に分類され、それぞれ輸出入の際の許可、届出、譲渡の際の記録などの規制が異なっています。

「けし」に由来するモルヒネなどの化合物は、前述したように麻薬として麻薬及び向精神薬取締法の対象となっていますが、植物の「けし」、「けしがら」（けしの麻薬を抽出することができる部分）およびけしの液汁を凝固した「あへん」はあへん法で取締まられています。

大麻取締法では、大麻草（学名カンナビス・サティバ・エル）およびその製品が取締り対象となっています。ただし、大麻草の繊維は古くから麻として利用されており、その種子も、七味唐辛子や鳥の飼料として用いられていますので、大麻草の成熟した茎およびその製品（樹脂を除く）ならびに大麻草の種子およびその製品は除かれています。

大麻の幻覚作用を示す成分は、テトラヒドロカンナビノール（ＴＨＣ）といわれていますが、化学的に合成されたＴＨＣは、麻薬に指定され、麻薬及び向精神薬取締法の対象となっています。

深刻化する薬物乱用問題

日本における薬物乱用の問題は、乱用される薬物の多様化、乱用者の低年齢層化がみられるなど、ますます深刻化しつつあると考えられます。一方、欧米諸国で乱用が大きな問題となっているコカインやヘロインの押収量が毎年トン単位にのぼるうえ、たとえば、米国では国民の三分の一が一度は大麻を経験したことがあるといわれています。これに比べ、日本での覚せい剤の押収量は一〇〇キログラム単位（しかし、一九九九年の押収量は急増して、約二トンに、二〇〇〇年は約一トンに達しました）、覚せい剤乱用者は人口の一％程度と見積もられていることを考えますと、深刻さは欧米ほどではない感があります。だからこそ、今ならまだ間に合うのであり、私たち一人一人が自分自身の問題として薬物乱用防止に関心をもつことが大事です。そして、周囲の人たちにも「薬物乱用防止」を喚起していただきたいものです。

薬物乱用者のほとんどは、最初「一度くらいは」、「自分はすぐにやめられる」と薬物をコントロールできると過信していますが、いつの間にか薬物にコントロールされ、気づいたときにはすでに抜け出すのは難しい状態に陥っているというのが実状です。「自分だけは大丈夫」などとたかをくくらず、決して誘いにのらない意志と勇気を持ち続けたいものです。

第二章　覚せい剤

覚せい剤とは、病気の治療法の一つとして眠気を覚まし、疲労感を除去する目的で使用される中枢神経興奮剤の総称です。天然由来のものとしては、コカイン、ニコチン、カフェインなどが、合成品としては、アンフェタミン関連化合物などがあります。しかし、ここでは、覚せい剤取締法の第二条に規定されている「フェニルアミノプロパン、フェニルメチルアミノプロパン及び各その塩類」（以後、それぞれ一般名のアンフェタミン、メタンフェタミンを使用する）を指すこととします。

第一章で述べたように、覚せい剤は、現在日本で最も乱用されている薬物です。そして、その乱用は、第二次世界大戦直後の第一次乱用期、一九八四年前後の第二次乱用期に次いで、数年前から、第三次乱用期に突入したと懸念されている状況にあります。日本で乱用されている覚せい剤は、もっぱらメタンフェタミンで、欧米諸国では、アンフェタミンが圧倒的です。

覚せい剤の発見

アンフェタミンは、一八八七年、ドイツのL・エデレモによって、また、メタンフェタミンは、一八八八年、日本の長井長義によって初めて合成されました。メタンフェタミンは、鎮咳（ちんがい）作用（せきを静める作用）のある生薬、麻黄（まおう）の成分の研究から生まれました。まずエフェドリンが発見され、それに続いて、麻黄研究物質第三十三号としてエフェドリンからメタンフェタミンが合成されたのです。その後は、一九一〇年ころに薬理的研究が若干行われましたが、ほとんどかえりみられませんでした。一九三〇年代になって、覚せい作用のあることが認められ、アンフェタミンは、ベンゼドリン（英国）、エラストン（ドイツ）などの名称で、メタ

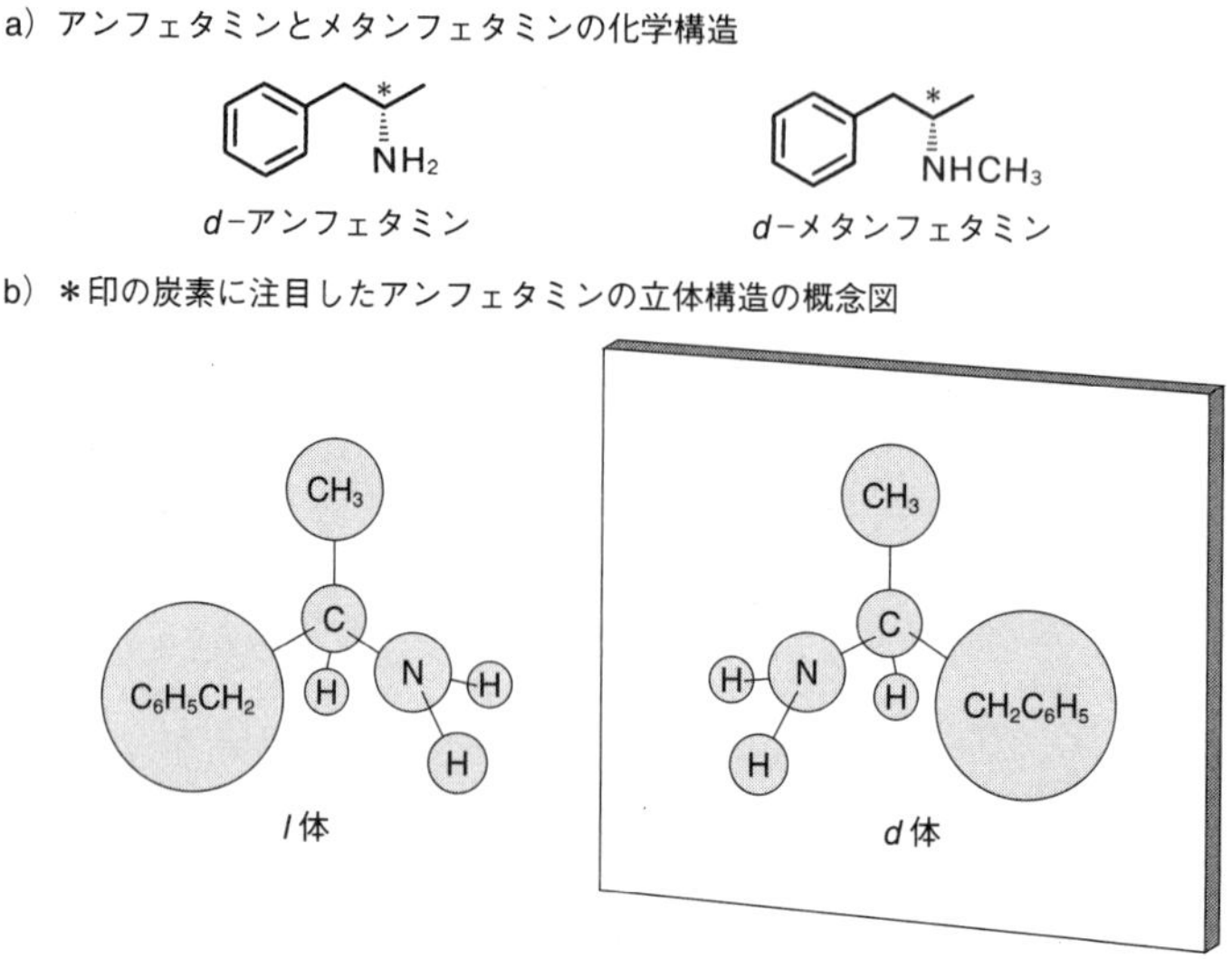

b）＊印の炭素に注目したアンフェタミンの立体構造の概念図

図２・１　代表的な覚せい剤の化学構造と立体構造

ンフェタミンは、ペルビチン（ドイツ）などの名称で、市販されるようになりました。日本においても、一九四〇年代のはじめ、アンフェタミンは、ゼドリン（武田薬工）、サンドルマン（同仁製薬）、アゴチン（富山化学）など、メタンフェタミンは、ヒロポン（大日本製薬）、ホスピタン（参天堂製薬）などの商品名で市販されました。当時は、わずかに精神科の領域と、学生が勉学の際に使用する程度で、大きな弊害は認められませんでした。第二次世界大戦中は、将兵の士気昂揚や軍事工場における生産性向上のために用いられました。そして戦後、大量に残った覚せい剤が一般に放出され、第一次覚せい剤乱用期を招いたことは、前章に述べたとおりです。

現在、日本においては、アンフェタミンは市販されていませんが、メタンフェタミンは大日本製薬から「ヒロポン」の商品名で、粉末、錠剤、注射液が市販されています。しかし、その販売が厳しく規制されていることは、いうまでもありません。

覚せい剤の化学

アンフェタミンとメタンフェタミンの化学構造（図2・1）は非常に似ており、窒素（N）に結合した水素（H）が1個、メチル基（CH_3）に置き換わっただけです。したがって、その薬理作用、中毒作用なども類似しています。そのまま（遊離塩基という）では、いずれも特有な臭い（アミン臭）のある無色透明な揮発性液体です。通常、アンフェタミンは硫酸塩にして、メタンフェタミンは塩酸塩にして用いられます。遊離塩基は水に難溶ですが、塩は、苦味のある無色の結晶（図

図2・2　覚せい剤（メタンフェタミン塩酸塩）の結晶

2・2）または粉末で、水によく溶けます。

アンフェタミン、メタンフェタミンは、いずれも立体的な化学構造を考えると（図2・1）、鏡像の関係（右手と左手の関係）にある二個の化合物（光学異性体という）が存在します。光学異性体は、その化学的な性質はまったく同じですが、偏光を照射したとき、その光を右に旋光するもの（d体という）と左に旋光するもの（l体という）とに分けられます。「光学異性体」という言葉は、二〇〇一年、野依良治名古屋大学教授が、この光学異性体を化学的につくり分ける不斉合成に関する業績で、ノーベル化学賞を受賞されたので、ご存知の方も多いかと思います。タンパク質を構成するアミノ酸や、DNA、RNAを構成する糖などの主要な生体物質は、光学異性体の一方だけで構成されています。これらの分子は、他の分子の光学異性体を厳密に別のものとして識別するので、光学異性体では、におい、味、毒性など生体に与える作用が大きく異なります。代表的な例に、医薬品や香料としてよく使用されるメントールがあります。*l*体のメントールには、あの特有の清涼な味と強いにおいがありますが、*d*体には味もにおいもありません。覚せい剤の場合、光学異性体によって中枢神経興奮作用の強さに違いがみられ、*d*体のほうが*l*体より四〜一〇倍強いといわれています。

覚せい剤の合成法はいろいろと報告されていますが、欧米で乱用されているアンフェタミンは、主として、フェニルアセトン（図2・3参照）という物質からロイカルト反応という方法で密造されています。また、日本で乱用されているメタンフェタミンは、エフェドリン（図2・3参照。*l*-エフェドリン、*d*-エフェドリン、*l*-プソイドエフェドリン、*d*-プソイドエフェドリンの四種の異性体が存在しますが、麻黄中にはそのうちの*l*-エフェドリンと若干の*d*-プソイドエフェドリンが含有されている）を原料に、直接あるいは、いったんクロロエフェドリンとしたのち、還元して密造されているようです。したがって、主として、アンフェタミンはラセミ体（*d*体と*l*体の等量混合物をいう。光学異性ではない化合物を原料に化学的に合成するとラセミ体ができる）が、メタンフェタミンは*d*体（*l*-エフェドリン、*d*-プソイドエフェドリンのいずれを原料としても合成されるのは、*d*-メタンフェタミンである）が出回っています。

覚せい剤は比較的簡単な工程で合成できるので、覚せい剤取締法では、合成原料および中間体も「覚せい剤原料」として、その取扱いを厳しく規制しています。現在は、エフェドリン、クロロエフェドリン、メチルエフェドリンなど一〇種の化合物が「覚せい剤原料」に指定されています（図2・3）。

欧州では、主としてオランダあるいはポーランドなどの東欧で密造されたアンフェタミンが、米国あるいは豪州では、それぞれ自国で密造されたメタンフェタミンおよびアンフェタミンが乱用されています。これらは、増量剤や添加剤として糖類などを含有する場合が多く、時にその純度は、

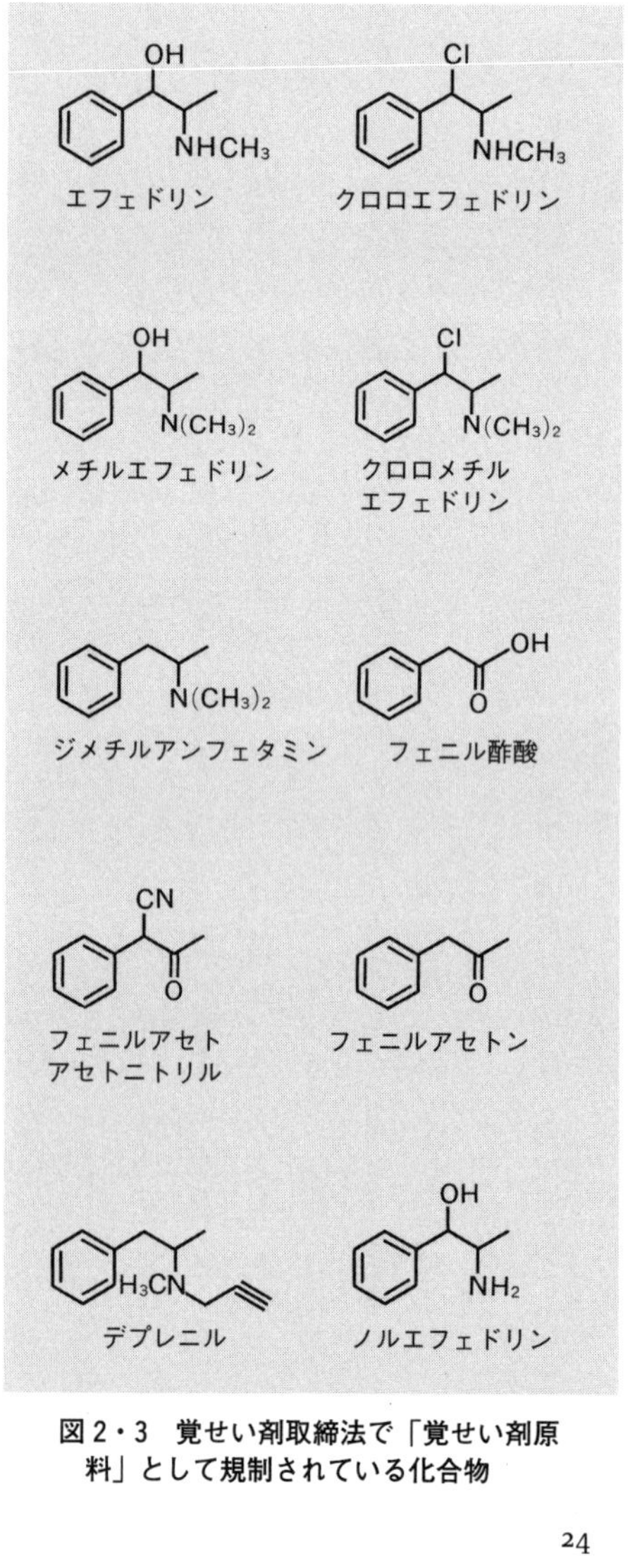

図2・3　覚せい剤取締法で「覚せい剤原料」として規制されている化合物

五%以下の場合もあります。

一方、日本で乱用されている覚せい剤は、d-メタンフェタミンがほとんどです。第一次乱用期には、国内で密造されていましたが、現在は、大部分が密輸されています。仕出国（密輸元の国）も、十数年前までは、韓国が圧倒的でしたが、その後、台湾から香港、中国本土へと移り、最近は、東南アジアからのものも散見されるようです。また、北朝鮮で、大々的に密造されているとも取りざたされています。いずれもその純度は非常に高く、大部分は九五%以上です。最近、米国、特にハワイおよび西海岸を中心に、日本と同様の純度の高いd-メタンフェタミンが出回り始め、その無色透明の大きな結晶の形から「アイス」と呼ばれています。

覚せい剤の薬理作用

覚せい剤を摂取すると、その中枢神経興奮作用によって、眠気や疲労感が除去されて、爽快な気分となり、思考力、判断力の増進や多弁の傾向がみられます。覚せい剤は、脳内の神経終末において神経伝達物質のドーパミンなどの放出を促進するだけでなく、再取込みを抑制します。その結果、神経と神経の接合部位であるシナプス間隙のドーパミン濃度が高まって作用が現れると考えられています。

覚せい剤は覚せい作用以外に食欲を減退させる作用を示します。このため、肥満の人が多い欧米では、長い間、覚せい剤アンフェタミンが肥満の治療薬として処方されていました。このことを強調して、日本では、「これはやせ薬だよ」、「ダイエットにいいよ」と言葉巧みに覚せい剤へと誘う魔の手となっているのです。

覚せい剤は単純作業の能率や瞬発力を要する運動能力を高めるものの、集中力を必要とする仕事の能率や耐久力を要する運動能力を低下させるといわれています。この運動能力に対する作用から、覚せい剤はドーピング禁止薬物にリストアップされています。このような中枢神経に対する作用のほか、末梢経に対する作用としては、血管を収縮させて血圧を上昇させる作用のほか、散瞳作用（瞳孔が拡大する）や気管支拡張作用をもつことが知られています。

臨床的には、覚せい剤は、ナルコレプシー（睡眠発作病）、パーキンソン病、各種の昏睡、嗜眠（しみん）、もうろう状態、インシュリンショックなどの治療、麻酔・催眠剤の急性中毒や慢性中毒の治療などに用いられます。その常用量は、経口投与で、一回二・五～五ミリグラム、一日一〇～一五ミリグラムで、極量（副作用、中毒作用を発現しない最大の使用量）は、一回二〇ミリグラム、一日五〇ミリグラムです。覚せい剤を内服した場合、一五～三〇分後に作用が現れ、数時間持続するといわれています。米国においては、鼻づまりの薬として、*l*体のメタンフェタミンを含む吸引剤（商品名「ヴィックス・インへラー」）が市販されていますが、日本では認められていません。これを国内に持込もうとして検挙された事例も多くみられます。

覚せい剤乱用者は、使用直後に強烈な快感、陶酔感が得られるという理由で、ほとんどが静脈に注射して使用しています。一回の使用量は通常三〇～五〇ミリグラム程度です。最近は、経口的に摂取する方法や、特殊なパイプやアルミホイル上で加熱・気化させて吸入する方法が、特に若者の間で流行しています。これらの方法は、自分で注射しなければならないという一種の抵抗感もなく、注射痕も残らないことから、覚せい剤使用のバリアーを低くしていると考えられます。また、ブラックマーケットにおける名称も、従来の「シャブ」に代わって、「スピード」、「エス」などとファッション感覚的な言葉で呼ばれています。

覚せい剤の中毒作用

覚せい剤を一度に大量（初めての使用者で二〇～五〇ミリグラム以上）摂取すると、多弁、興奮、不安、不眠などの種々の中毒症状が現れます。覚せい剤に特徴的な症状として常同行動（意味のない同じパターンの行動を繰返す）がみられます。また、交感神経系の異常による中毒症状として、多量の発汗、呼吸数の増加、頭痛、脈拍数の増加、血圧上昇、不整脈などが現れます。腸管運動が抑制され、膀胱括約筋が収縮することから、便秘を起こしやすく、しばしば排尿困難となります。重度になると、せん妄状態（意識混濁に幻覚、妄想が加わって、興奮・不安状態を示したり、うわ言をいったりする意識障害の一つ）となって錯乱し、攻撃的な行動を示します。さらには、高い発熱、けいれん、昏睡から虚脱状態に陥り、最後には、心不全、脳出血から死に至ることになります。

覚せい剤摂取後の爽快感、多幸感は、薬効が消失するとなくなり、むしろ、覚せい剤を摂取する

表 2・1　覚せい剤に起因する事件や事故の数（1996 年）

事件と事故の総数		内　訳	人数
事　件（総数 194 人）	刑 法 犯	殺　人	0
		殺人未遂	3
		強　盗	4
		強　姦	3
		放　火	6
		暴行傷害	25
		恐　喝	6
		器物毀棄	11
		窃盗，その他	89
	特別法犯	銃 刀 法	34
		暴力行為	2
		そ の 他	11
事故（総数 62 人）		乱 用 死	24
		自　殺	6
		交通事故	22
		自　傷	10

前よりも、疲労感、倦怠感が強くなります。そのため、この気分から逃避し、陶酔感を再び味わいたいという欲求が強く生じ（精神依存）、反復して使用するようになります。連用するようになると、耐性が生じ、使用量が急激に増加して、慢性中毒症状が現れます。その症状は、多種多様で、個人によって異なり、一個人のなかでもつぎからつぎへと症状が変化する例も多くみられます。初期の症状としては、多弁または寡黙、過動または寡動となり、落ち着きがなくなり、怒りやすく、粗暴な行動に出ることが多いようです。集中力、注意力、記憶力などは減退し、何事にも無気力になります。さらに症状が進むと、幻覚（主として幻聴）、妄想を伴う特有の精神分裂病（統合失調症）様の症状が現れます。「あいつを殺せという電波が飛んできている」、「常に隣人が壁穴から覗いている」など、実体を伴わない妄想から、狂暴な行為や威嚇的な行動に走り、傷害や殺人などの凶悪な犯罪を引起こすことにもなります。例として、表

2・1に、一九九六年中に覚せい剤に起因して発生した事件や事故の数を示します。

慢性中毒者が覚せい剤を中止すると、一カ月以内に幻覚、妄想などの精神病様症状は軽減しますが、その後の回復は緩やかで、無気力、落ち着きのなさ、自己中心的な傾向などの症状はなかなか消失せず、再び覚せい剤を使用し始めることが多いのが実状です。また、覚せい剤の使用を中断して一見もとのような無症状な状態が数カ月間から数年間経過していても、覚せい剤を再使用したり、覚せい剤を使用しなくても、飲酒や他の薬物の使用、あるいは強い精神的ストレスや疲労が重なったりすると、それが引金となって中毒時と同様の病的な精神症状を引起こすこと（フラッシュ・バックという）があります。

覚せい剤を長期間使用すると、脳・神経系の組織に変化が現れることが見つけられています。実験動物に、比較的大量の覚せい剤を持続的に、あるいは集中的に投与すると、ドーパミンやセロトニンと呼ばれる神経伝達物質が働いている神経終末に、変性がみられます。また、覚せい剤乱用者の脳を死後調べてみると、脳内のドーパミン系の一つである線条体と呼ばれる部分のドーパミン濃度の減少がみられ、ドーパミン合成に関係しているチロシン水酸化酵素の量やドーパミン取込み部位の減少が認められます。さらに、妊娠初期の実験動物に覚せい剤を投与すると、胎仔に外形上の奇形を引起こし、妊娠中期の動物に投与すると、仔の大脳皮質、視床、視床下部、海馬、線条体といった脳の各部の発達が障害されて、行動奇形を起こすといわれています。このような動物実験の結果から、妊娠時の覚せい剤乱用が胎児へ悪い影響を与えることが危惧されています。

覚せい剤の検査法

薬物事犯の取締りにおいては、発見された粉末が規制薬物であるのか、あるいは容疑者が規制薬物を使用しているのかを明らかにすることが必須です。これには化学分析が大きな役割を果たしています。そこでこの章以降では、各薬物の検査法についても、それぞれ簡単に紹介したいと思います。

覚せい剤の検査としては、捜査現場で実施するスクリーニングテスト（疑わしいかどうかを見極める簡便なテスト）と検査機関で行う本格的な検査があります。検査対象となる物件としては、粉末や使用済みの注射器・注射針などのいわゆる「物（ぶつ）」と尿、血液などの「生体試料」があります。

「物」に対する現場での覚せい剤スクリーニングテストとしては、日本で乱用されているのは、ほとんどがメタンフェタミンであることから、いわゆるシモン反応が利用されています。シモン反応とは、炭酸ナトリウム溶液、ニトロプルシドナトリウム溶液、アセトアルデヒド-エタノール溶

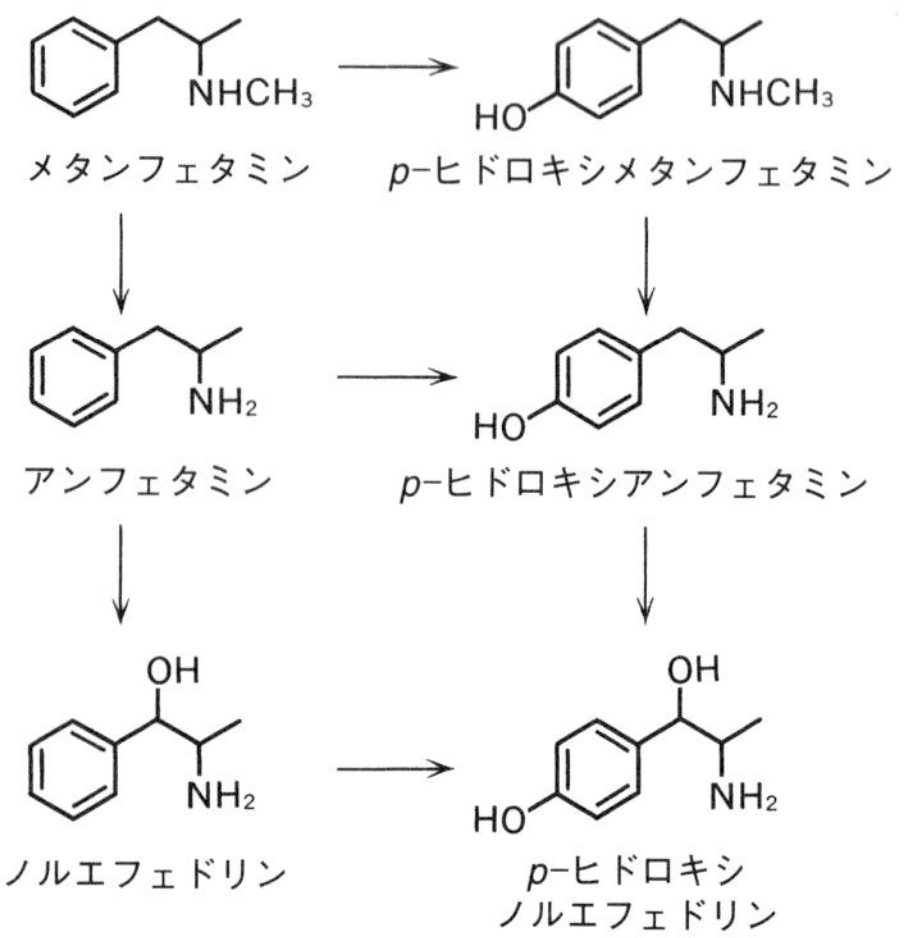

図2・4 メタンフェタミンの代謝経路

液を順次数滴ずつ試料に滴下するものです。試料がメタンフェタミンの場合、瞬時に青藍色を呈します。呈色はそれほど安定ではなく、数分で赤紫色になります。この反応は、メタンフェタミンに特有で、アンフェタミンは反応しません。携帯に便利な検査キットも市販されています。検査機関では、融点測定、薄層クロマトグラフィー、ガスクロマトグラフィー、赤外吸収スペクトルの測定、質量分析などが行われます（これらの測定法や分析法については、巻末の用語解説を参照して下さい）。覚せい剤メタンフェタミンを摂取した場合、体内でメタンフェタミンはいろいろな代謝を受けて変化しますが（図2・4）、四日間で摂取量の九〇％以上が尿中へ排泄されます。また、尿中へ最も多く排泄される化合物は、未変化のメタンフェタミンであることが明らかにされています（表2・2）。この事実および試料採取が容易なことから、覚せい剤使用の証明は、一般に、尿を試料として実施されています。最近は、場合によって、毛髪を試料とした検査も行われています（第九章参照）。

表2・2　メタンフェタミン塩酸塩経口投与後の各代謝物の尿中排泄量（投与後1日目の尿）

排泄される化合物	投与量に対する排泄量の割合（%）	
	被験者 1	被験者 2
メタンフェタミン	27.2	18.1
アンフェタミン	2.2	3.2
ノルエフェドリン	1.7	2.4
p-ヒドロキシメタンフェタミン	14.1	15.8
p-ヒドロキシアンフェタミン	1.1	1.0
p-ヒドロキシノルエフェドリン	1.2	2.2
その他	8.4	11.3

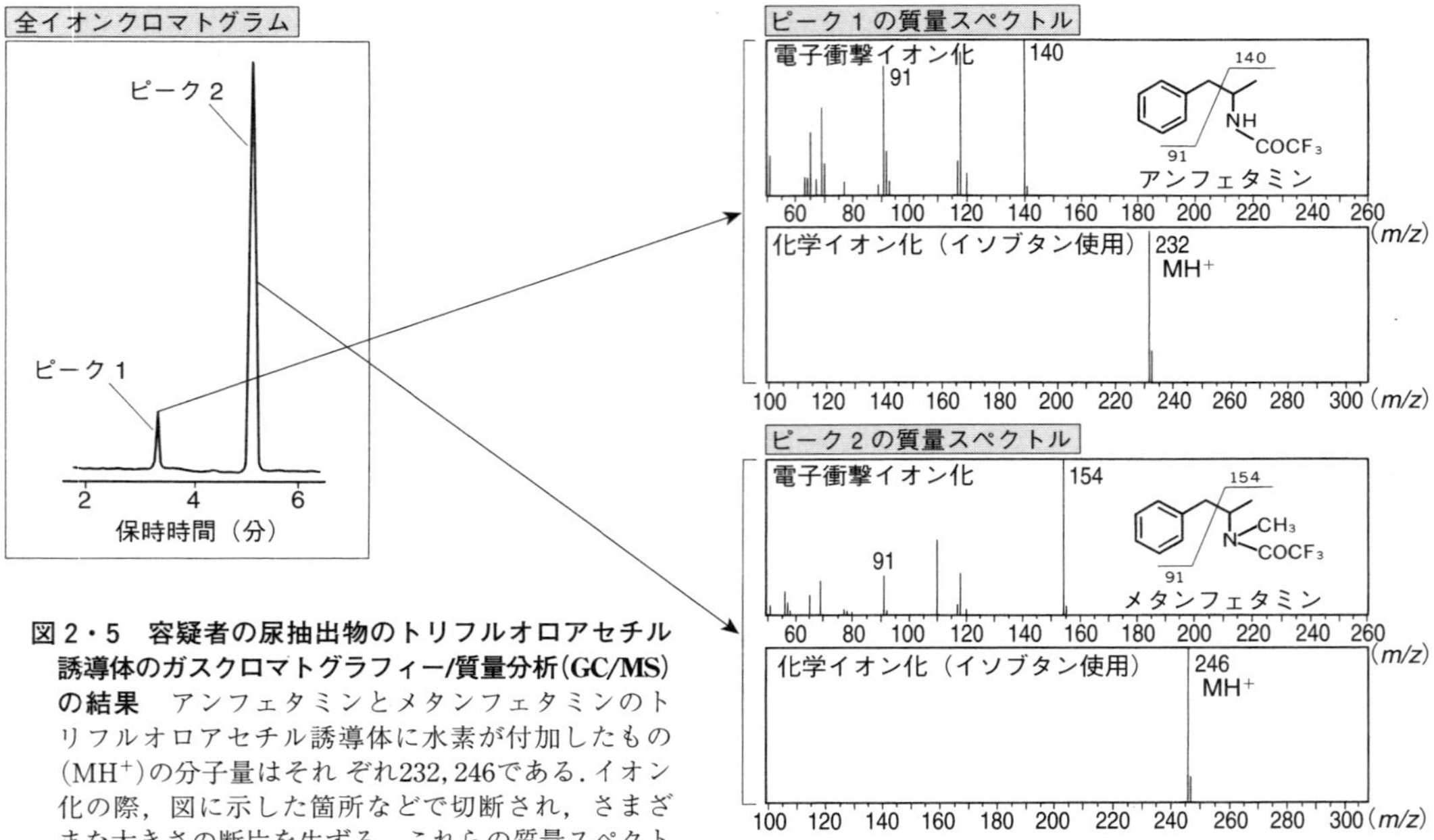

図2・5　容疑者の尿抽出物のトリフルオロアセチル誘導体のガスクロマトグラフィー/質量分析(GC/MS)の結果　アンフェタミンとメタンフェタミンのトリフルオロアセチル誘導体に水素が付加したもの(MH^+)の分子量はそれぞれ232, 246である．イオン化の際，図に示した箇所などで切断され，さまざまな大きさの断片を生ずる．これらの質量スペクトルから，ピーク1がアンフェタミン，ピーク2がメタンフェタミンであることがわかる

尿の検査は、通常、尿試料をアルカリ性にしたのち、エーテル、クロロホルムなどの有機溶媒で抽出し、得られた抽出物について、「物」と同様、薄層クロマトグラフィー、ガスクロマトグラフィー、赤外吸収スペクトルの測定、質量分析などを行います（図2・5参照）。現在、最終的な確認法としてガスクロマトグラフィー／質量分析が多用されていますが、ガスクロマトグラフィーで検出しやすいようにするため、通常はトリフルオロアセチル誘導体という物質に変換して分析します。また、アンフェタミン関連化合物は一つの方法では分子イオンが検出できない場合が多いので、他の方法を併用して確認しています。

第三章　あへんアルカロイド系麻薬

「麻薬」というと多くの人が、「あへん」、「モルヒネ」、「ヘロイン」などの言葉を思い起こしますが、これらは代表的な麻薬で、あへんアルカロイド系薬物（後述）と総称されます。あへんは、けし（ケシ、図3・1）の未熟な朔果（さっか）に傷を付けて流れ出る乳汁を凝固したもの、モルヒネはあへんのおもな有効成分、ヘロインはジアセチルモルヒネで、モルヒネから合成されます。乱用が最も問題となっているのは、ヘロインです。

植えてよいけし、悪いけし

花屋の店頭には色とりどりのけしが並びますが、けしには植えてよいけしと悪いけしがあります。数百種もあるケシ属植物のうち、モルヒネを生成するのは、ソムニフェルム種（学名パパベル・ソムニフェルム・エル）とセティゲルム種（学名パパベル・セティゲルム・ディーシー）のみ

図3・1　けし

で、「あへん法」でこれらの種のけしの栽培が規制されています。セティゲルム種は朔果が小さく、あへん採取を目的として栽培されているのは、ソムニフェルム種です。また、ハカマオニゲシ（学名パパベル・ブラクテアツム・リンドル）は、あへんアルカロイドの一種であるテバインを含有するので麻薬原料植物に指定され、「麻薬及び向精神薬取締法」の規制対象になっています。その他のけし、たとえばヒナゲシやオニゲシなどは何ら規制対象にはなっておらず、観賞用としてきれいな花を楽しむことができます。

けしの原産地は地中海東部沿岸から中近東にかけてと考えられていますが、温暖で乾燥した気候で非常によく生育する一年生（秋まきもある）の植物です。植えてよいけしに比べ、背が高く（一〜

一・五メートル）、全体的に白っぽい緑色で、無毛です。葉は長楕円形で周りの切れ込みが浅く、また茎を巻き込むように直接茎に葉がついているなどの特徴があり、外観から植えてよいけしと見分けられます。

けし栽培の歴史は古く、最初は、食用にもなり油も採れる種子を目的としていたと思われます。早くからけしの煮汁に苦痛を和らげ、催眠作用のあることは知られていました。その使用は、少なくとも紀元前三五〇〇年ごろのエジプトにまでさかのぼります。

日本へ渡来した時期は明確ではありませんが、足利義満の時代に中国から渡来し、初めてその栽培が行われたといわれています。現在、日本におけるけしの栽培は、ごくわずか行われているのみで、医療用に必要なあへんは、インドから輸入されています。

あへん

けしの液汁を自然乾燥して凝固させた生あへんは、黒色～褐色の塊で、特有の臭気と苦味をもっています。この生あへんをいったん温湯に溶かし、不溶分を取除いたのち、加温、濃縮、発酵などの加工を行って得られたものが、吸煙用に用いられるあへん煙膏（えんこう）です。あへんの乱用は、主として吸煙によるもので、とくにけしを栽培している地域およびその周辺でよく使用されます。あへんは、ほんの数服吸っただけで中毒患者になる者から数十服あるいはそれ以上の吸煙で中毒になる者などまちまちですが、症状としては、気力に欠け、顔面蒼白で動作が鈍くなり、重症に

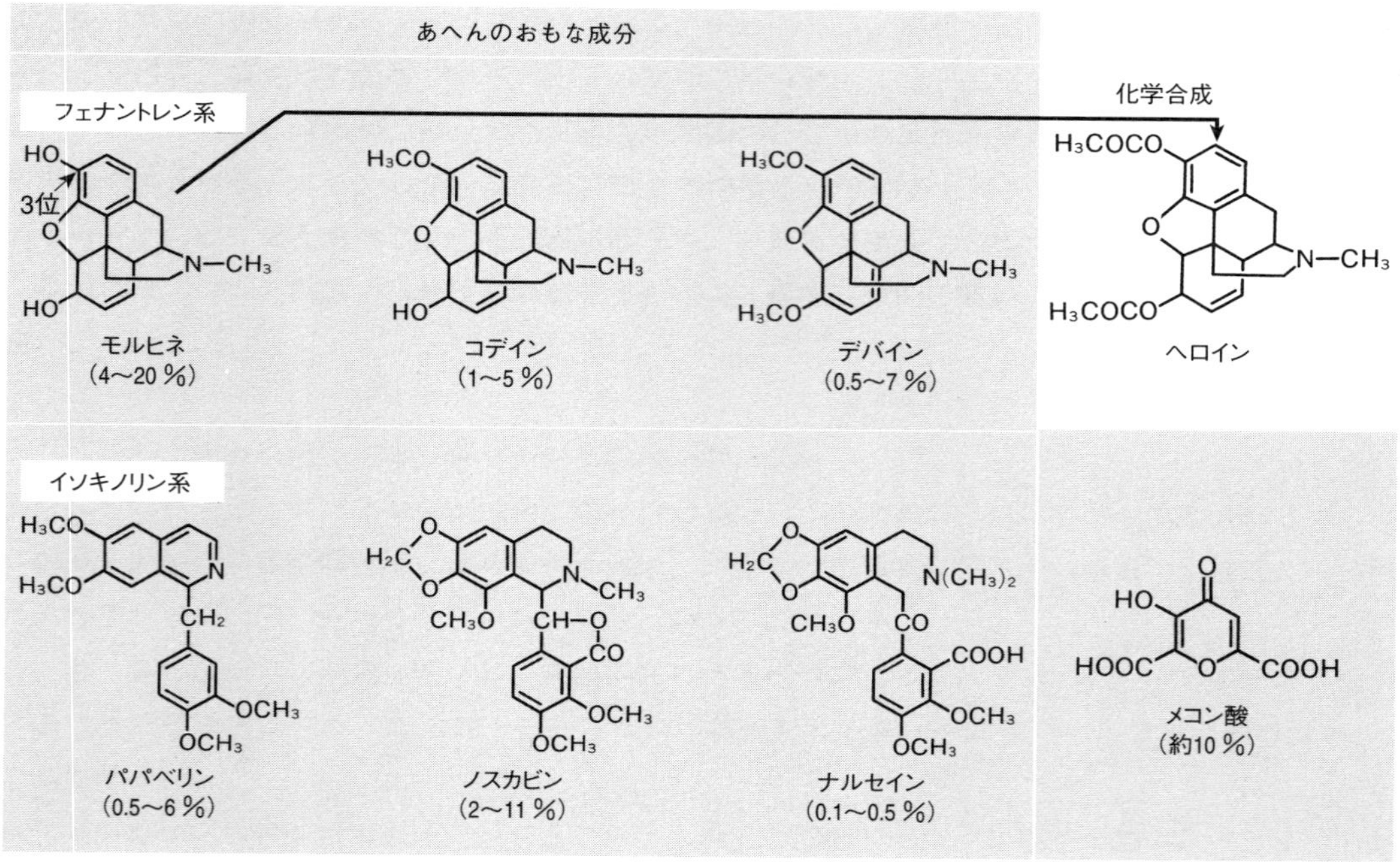

図3・2　あへんのおもな成分とヘロイン　(　) 中の数字はあへん中の含有量を示す

なると精神錯乱を起こして衰弱してくるのが特徴です。

あへんに含有されるアルカロイドは、現在二〇種以上が知られています。アルカロイドとは、植物塩基と和訳されている一群の化合物で、化学構造的には分子中に窒素を含む環状構造をもつ塩基性の植物成分を指します。微量で人に対して強い作用を示すものが多く、高い毒性をもつものもあります。あへんアルカロイドのおもなものとしては、フェナントレン系のモルヒネ、コデイン、テバインおよびイソキノリン系のパパベリン、ノスカピン、ナルセインなどがあります（図3・2）。これらの含有量は、産地、採取方法、採取時期などによって異なりますが、おおよその値を図に示します。その他のアルカロイドの含有量はきわめて少なく、〇・一％以下です。あへん中では、これらのアルカロイドは、硫酸、乳酸あるいはあへんに特有のメコン酸などの塩として存在しています。また、これらのアルカロイドのうち、モルヒネ、コデイン、テバインが麻薬に指定されています。ちなみに、代表的なあへんアルカロイド系麻薬の一つであるヘロインは、天然に存在するものではなく、モルヒネを原料に化学的に合成されたものです（図3・2）。

「あへん法」では、すでに述べたけし、あへんのほか、けしがらを規制対象にしています。けしがらは、一般にはあへんを採取した朔果を乾燥したものをいいます。あへん法では、「けしの麻薬を抽出することができる部分（種子を除く）をいう」と規定しています。したがって、朔果のみならず、刈り取った茎や葉なども規制対象となります。なお、種子（けしの実）は、規制対象から除外されており、菓子パンやケーキの中には、けしの実をかざりにのせたものがありますので、食べたことがある方もいると思います。

さらに、医療用に使用する目的で加工されたあへん（アヘン末、アヘン散、ドーフル散、オピアル、アヘンチンキ）は、あへん法の対象とはならず、麻薬及び向精神薬取締法の規制対象になります。これらの規格はそれぞれ、医薬品の規格を決めた日本薬局方に規定されています。アヘン末、アヘン散は、そのモルヒネ含有量が基準に合うように、デンプンや乳糖などを添加したものです。ドーフル散は、アヘン末に生薬の「とこん」などを混ぜたものです。オピアル（塩酸アヘンアルカロイド）は、モルヒネとその他のアルカロイドの含有量がそれぞれ規定されています。アヘンチンキは、アヘン末をエチルアルコールで抽出したものです。アヘンチンキは、最初十六世紀に製造され、長い間、医薬品の重要な部分を占めてきました。トルストイの名作「アンナ・カレーニナ」には、ヒロインのアンナが精神的苦痛から逃れるため、アヘンチンキを常用し、やがて中毒に陥ってしまう話があります。当時、アヘンチンキが比較的手軽に処方されていたことを示す例といえるでしょう。

おもなあへんアルカロイド系麻薬（モルヒネ、コデイン、ヘロイン）

モルヒネ　一八〇五年、ドイツのJ・セルツナーによって、あへんの作用を示す主成分としてあへんから単離され、のちに、ギリシャの夢の神モルフェウスにちなんでモルヒネと命名されました。通常、塩酸塩あるいは硫酸塩にして使用されますが、無臭の絹糸のような光沢のある白色針状結晶あるいは粉末で、苦味があり、水、アルコールには溶けやすく、クロロホルムやエーテルには溶けません。

モルヒネは、中枢神経抑制薬として作用し、注射によってほとんど即座に苦痛を除去します。鎮痛・麻酔作用に加えて、催眠・鎮静作用をもち、陶酔感・多幸感を生じて、不安感や緊張感を除去します。鎮咳作用を示し、さらに、呼吸中枢や体温調節中枢を抑制します。末梢神経系では、腸管などの働きを抑制し、便秘を起こすことが多く、副作用として、吐き気やめまいなどの不快感を伴います。中枢神経や腸平滑筋などの末梢神経にはオピオイド受容体という受容体があります。この受容体にモルヒネが結合して、いろいろな作用を発現すると考えられています。

医療用には、一回五〜一〇ミリグラム、一日一五ミリグラムを経口投与します。多量に摂取すると、注意力の低下をきたし、陶酔状態から強い眠気に襲われます。さらに多量に摂取すると、昏睡状態から呼吸中枢の麻痺をきたすこともあります。成人の致死量は〇・三グラム程度といわれていますが、モルヒネは非常に耐性のつきやすい薬物なので、五グラムでも死亡しなかった例も報告されています。モルヒネの使用を中止すると、激しい禁断症状が現れます。中毒患者にとってはこの禁断症状が恐ろしく、このため使用を断ち切ることができず、悪循環となってますます重い慢性中毒に陥ることになってしまいます。

注射によるモルヒネの使用が始まったのは、アメリカの南北戦争と普仏戦争で、鎮痛薬として広く用いられました。しかし、南北戦争後、多くの帰還兵が、「兵隊病」といわれたモルヒネ中毒に陥りました。

今日でもモルヒネは最高の鎮痛薬であり、とくに、がん末期患者のクオリティーオブライフ（生活の質）改善の目的から、硫酸モルヒネを経口製剤あるいは座薬として患者に与える（これらの投与方法では、依存性の形成は弱いといわれています）ケースが増加しており、なくてはならない「くすり」です。薬物は、あくまで医療目的で使用するものであることを肝に銘ずるべきです。

コデイン　コデインは一八三二年、フランスのP・J・ロビケによって初めてあへんから取出され、その後モルヒネから合成されました。通常、リン酸塩として用いられます。白色小針状結晶で、苦味があり、水に溶けます。作用はモルヒネに似ていますが、モルヒネの強い作用には三位の水酸基が重要だといわれています（図3・2参照）。三位が別の基に置き換わったコデインの作用は強くなく、鎮痛作用は約六分の一、鎮静作用、呼吸抑制作用などは四分の一、あるいはそれ以下といわれています。しかし、鎮咳作用はそれほど低下せず、鎮咳薬として使用されます。コデインを一％以下しか含有しないものは麻薬から除外されており、市販のかぜ薬に配合して用いられています。

ヘロイン　ヘロインは、元来ジアセチルモルヒネ塩酸塩の商品名ですが、現在、この名が一般に広く用いられています。一八七四年、英国のC・R・A・ライトによってモルヒネから合成され、三年後、ドイツのH・ドレッサーによって著しい鎮静効果のあることが認められました。一八九八年、ドイツのバイエル社が依存性のない鎮咳薬およびモルヒネ中毒の治療薬として「ヘロイン」の名で市販しました。ヘロインは、「大きく強い力をもつ」を意味するドイツ語のheroischに由来します。ところがその後、モルヒネよりさらに強い依存性をもつことが明らかになり、各国で厳しい取締りが実施されるようになりました。

ヘロインは、白色粉末で、水、エタノール、クロロホルムに溶けます。ヘロインは、モルヒネに無水酢酸を加えて数時間加熱するだけで簡単に合成できますが、その後の精製・単離が面倒で、密売されているものは、黒色タール状のものから赤色～褐色粉末、白色粉末の良質なものまで種々雑多です。通常は乳糖やスキムミルクなどで増量して密売されており、平均純度は四〇％程度です。

ヘロインは、モルヒネとほぼ同様の作用を示しますが、その作用は強く、一～三ミリグラムで速やかに効果が現れます。これは、ヘロイン（ジアセチルモルヒネ）あるいはそれから生じた六−アセチルモルヒネの脳内への移行速度が速いことによると考えられています。モルヒネに比べ使用初期から強い陶酔感をもたらしますが、依存性も生じやすいようです。一回の作用時間は二～三時間と短く、このため使用頻度が多くなり、より慢性中毒に陥りやすくなります。禁断症状もモルヒネより強烈です。

ヘロインは、医療用に用いられることはほとんどありません。乱用者は、通常、粉末を水に溶かし、静脈注射で使用します。一回に使用する量は、初心者で二～三ミリグラムですが、耐性を形成しやすいので、重篤な乱用者では、一日に二〇〇～三〇〇ミリグラムも用いる場合があります。最近は、注射による肝炎やエイズなどの感染症の問題から、鼻から吸う方法や吸煙（薬を加熱し、その煙を吸入）する方法が増加してきています。また、覚せい剤やコカインとの混合物も密売されています。

乱用の現状

現在、世界におけるおもなけしの不正栽培地域は、伝統的な黄金の三角地帯（タイ、ミャンマー、ラオス三国の国境地帯）と黄金の三日月地帯（パキスタン、アフガニスタン、イラン三国の国境地帯）、そしてペルー北東部からコロンビアのアンデス山脈に沿った地帯とメキシコの特に南西部からグアテマラにかけての四地域です（図3・3）。一九九四年の統計によると、合法的な医療用あへんの生産の大部分はインドで行われ、その量は四四九トンであったのに対し、おもな不正栽培地におけるあへんの生産量は表3・1のようにその七倍ほどと推定され、莫大な量に達しています。これらのあへんの大部分は、栽培地の周辺でモルヒネからヘロインに密造されて全世界に広がっています（図3・3）。東南アジア産ヘロインは、主として、中国、韓国、日本などを経由して米国へ

表3・1　推定される不法なけしの栽培とあへんの生産量（1994年）

地域	国名	けし栽培面積(ha)	あへん生産量(t)
東南アジア	ミャンマー	146,600	2,030
	ラオス	18,520	85
	タイ	2,110	17
	中国	1,965	25
西南アジア	アフガニスタン	29,180	950
	パキスタン	7,270	160
	イラン		35～70
	インド	5,500	82
南米	コロンビア	20,000	20
中米	メキシコ	5,795	60

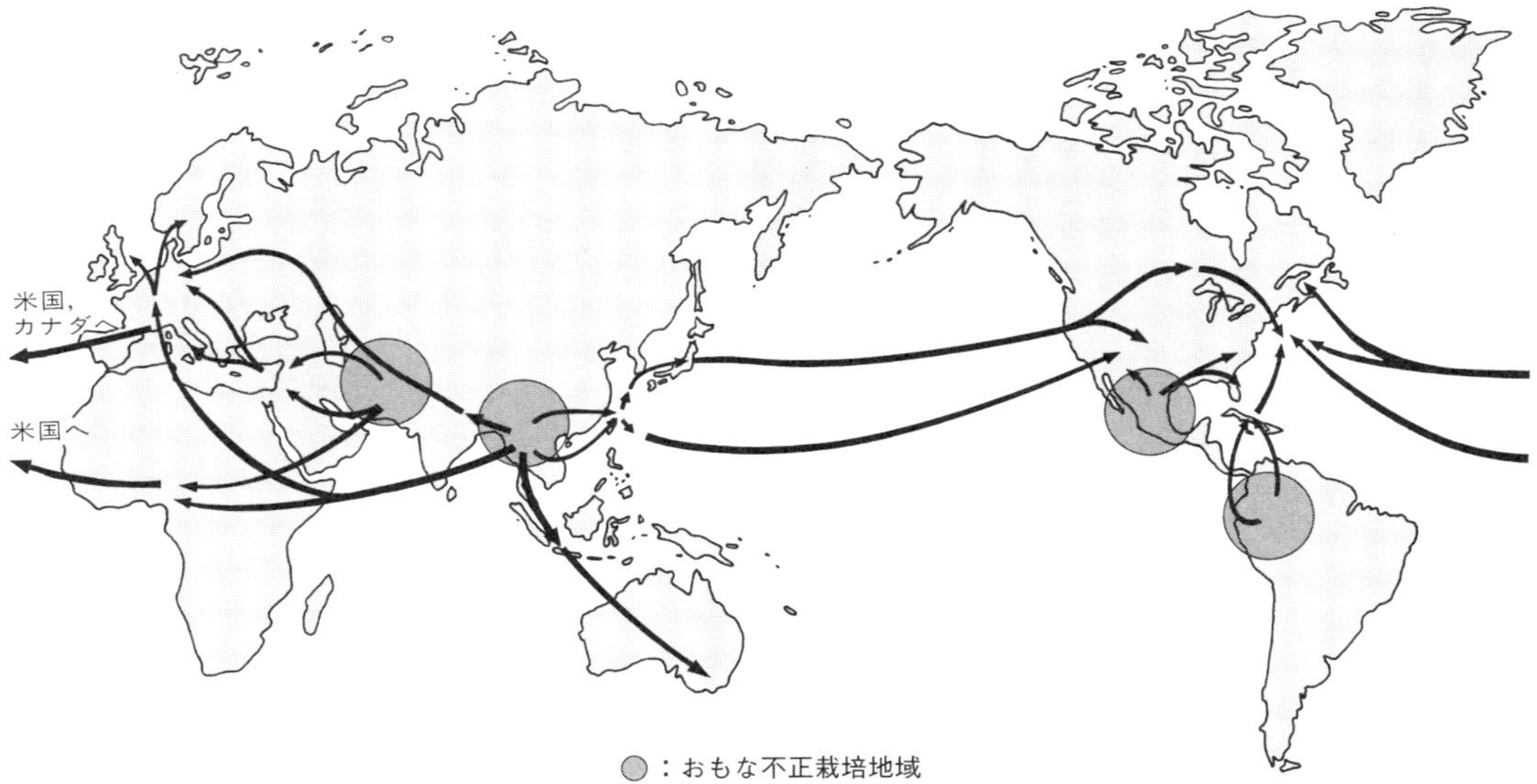

図3・3　ヘロインのおもな密輸ルート

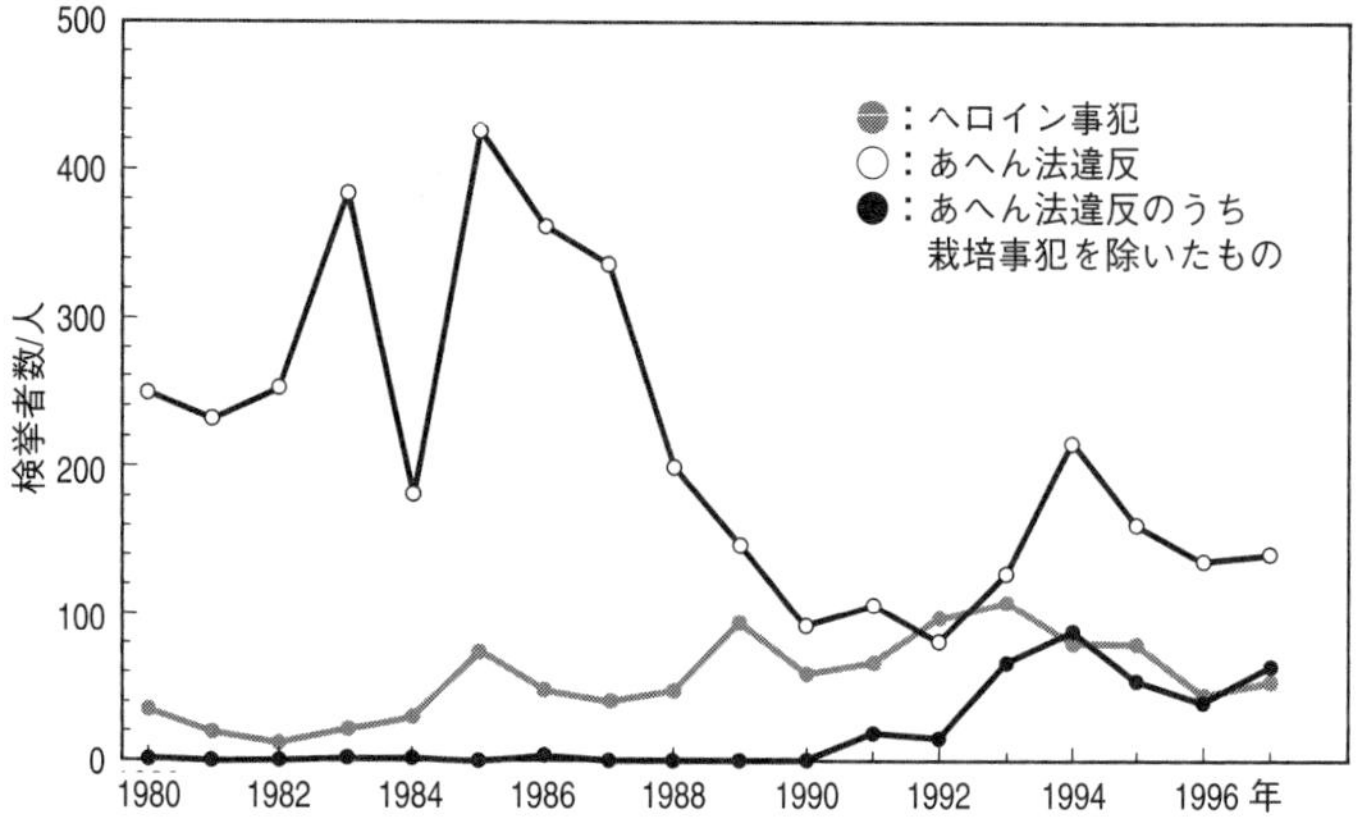

図 3・4　日本でのヘロイン事犯とあへん法違反検挙者数の推移

運ばれますが、五〇キログラム以上の大量のときは船便で、一〜二キログラムほどの少量のときは、いわゆる運び屋によって、スーツケースに隠したり、身につけたり、あるいは飲み込んだりして密輸されています。西南アジア産ヘロインは、バルカンルートと呼ばれる経路を通ってヨーロッパへ運ばれますが、さらにその一部は、米国へも運搬されています。メキシコ産ヘロインおよび南米産ヘロインは、ほとんどが米国へ運ばれています。一九九四年、米国で押収されたヘロインは一・七トンですが、その五七％が東南アジア、三二％が西南アジア、六％が南米、五％がメキシコのものであったといいます。この年の全世界におけるヘロイン押収量は二三・八トンでした。

　米国におけるヘロイン乱用者は六〇万人以上といわれており、一九九三年には、六万三〇〇〇人もがヘロイン乱用で救急病院などへ運び込まれています。

日本においては、第一章で述べたように、一九六〇年代はじめ、ヘロインの乱用が問題となりましたが、幸い、現在はそれほど大きな問題とはなっていません。ヘロイン事犯で検挙される者は、年間五〇人前後ですが、これらは日本が米国への密輸の中継地として利用されているためと考えられています。また、あへん法違反で検挙される者は年間一五〇〜二〇〇人程度ですが、その大部分は、花として鑑賞する目的で行った不正栽培犯です（図3・4）。しかし、最近は、栽培犯を除いた実質犯の人数が増加しており、憂慮されています。特に、イラン人など来日外国人によるものが多くなっています。

あへんアルカロイド系麻薬の検査法

あへんアルカロイド系麻薬に対する捜査現場でのスクリーニングテストには、マルキス試薬（濃硫酸に少量のホルマリンを加えたもの）が利用されています。マルキス試薬は、種々のアルカロイドと反応して紫、橙、黄、褐色などの呈色を示しますが、あへんアルカロイドに対しては、特徴的な青色〜青紫色を呈します。国内では、毛細管に試薬を封入し、検査時に折って使用するものが市販されています。万年筆型の容器にこれが数本入っていて、携帯に便利なようになっています。

検査機関においては、試料の水溶液をアルカリ性にして有機溶媒で抽出し、得られた抽出物について、薄層クロマトグラフィー、ガスクロマトグラフィー、高速液体クロマトグラフィー、赤外吸

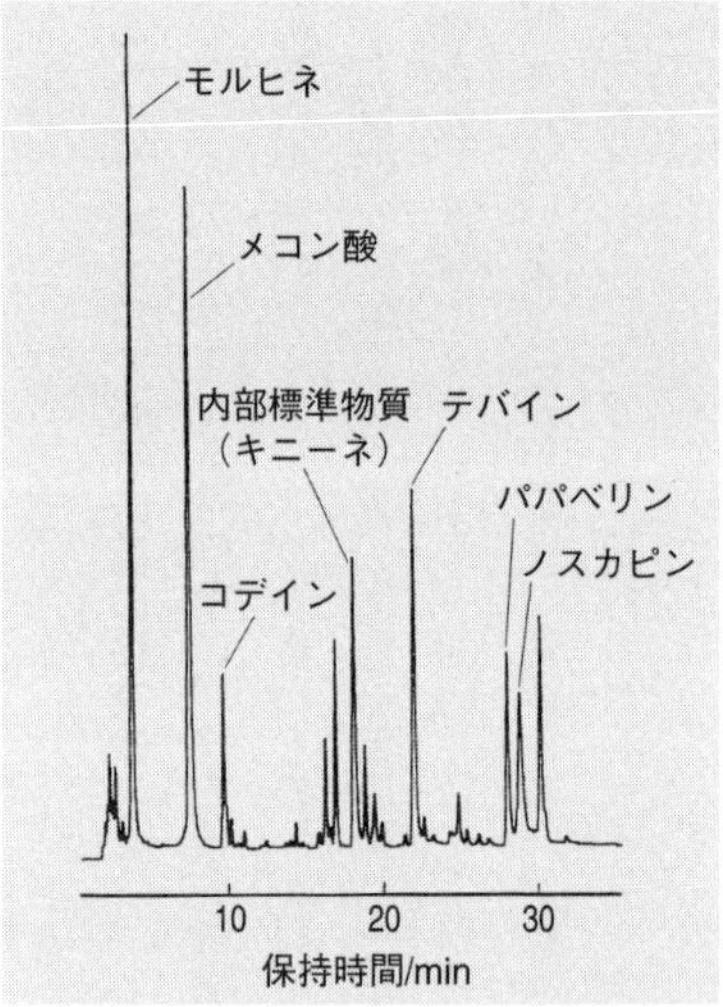

図3・5　あへんのメタノール抽出液の高速液体クロマトグラム

収スペクトルの測定、ガスクロマトグラフィー／質量分析などによる検査・確認を行います。モルヒネを対象とするときは、モルヒネには水酸基があり（図3・2参照）、水溶性が高いことから、液性をアンモニア、炭酸水素ナトリウムなどを用いてアルカリ性にしたのち、クロロホルム－イソプロパノール（三対一）混液などを用いて抽出する必要があります。またガスクロマトグラフィー分析は、誘導体（一部を変化させた化合物）にして行います。

取締り法規が異なることから、あへんを取締る場合はあへんであることを確実に証明することを要求されます。そのためには、おもなアヘンアルカロイドのほか、あへんに特有のメコン酸という物質の含有を確認します。例として、あへんのメタノール抽出液を高速液体クロマトグラフィーで分析した結果を図3・5に示します。おもなあへんアルカロイドとともにメコン酸が検出されています。

摂取されたモルヒネの大部分は、そのまま、あるいはグルクロン酸と結合してグルクロン酸抱合

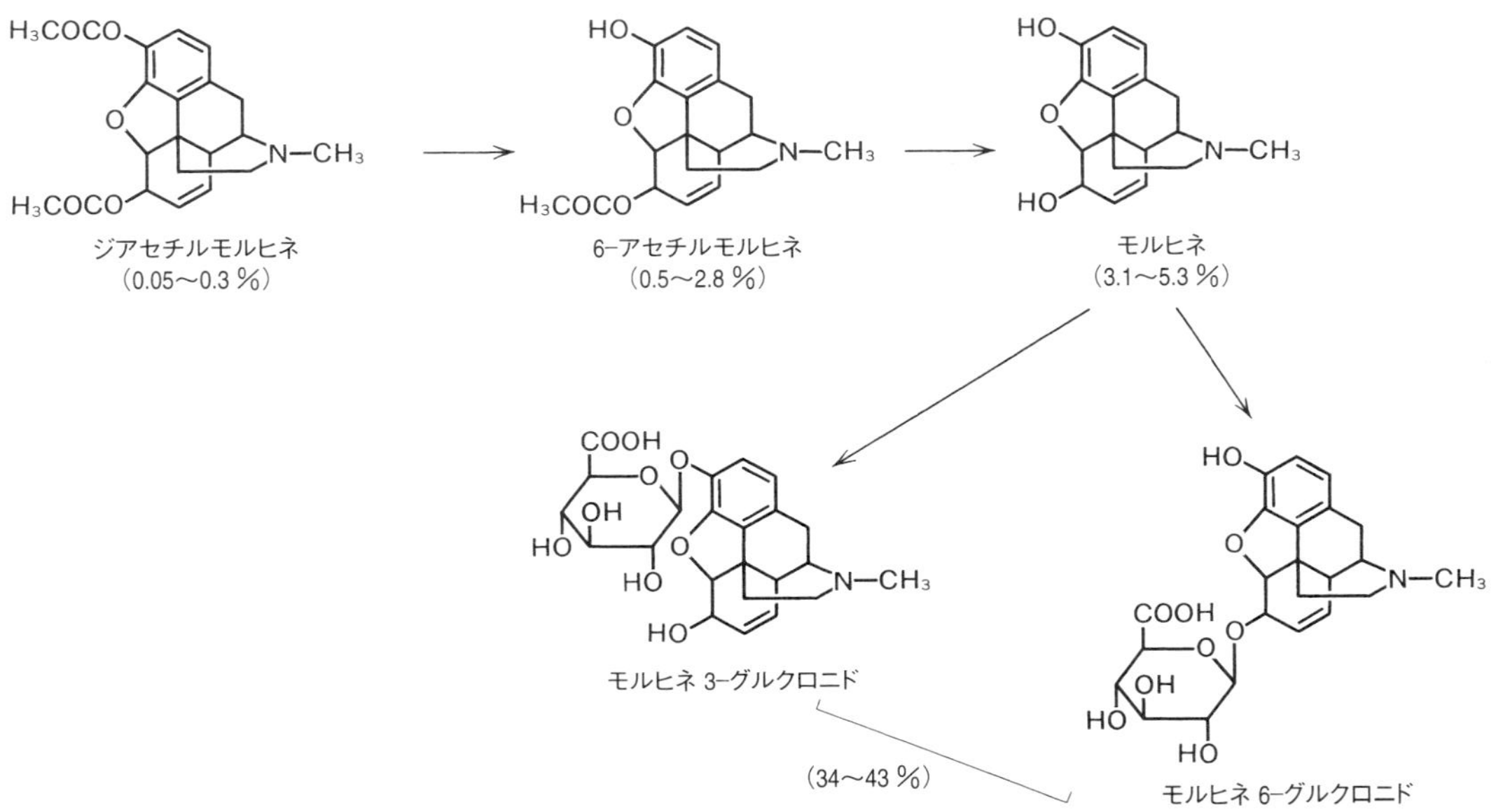

図 3・6 ジアセチルモルヒネのおもな代謝経路 ( )内の数字は投与量に対する排泄量の割合を示す．モルヒネ抱合体は全体量としてのみ計測されている

体と呼ばれるものとなって尿中へ排泄されます。モルヒネにはグルクロン酸と結合できる水酸基が二つ（三位と六位）ありますが、主代謝物は三位にグルクロン酸が結合したモルヒネ-三-グルクロニドです（図3・6）。この化合物には鎮痛作用は認められませんが、六位にグルクロン酸が結合したモルヒネ-六-グルクロニドは、モルヒネに比べ、マウスにおいて皮下注射で約四倍、脳室に注入すると約四五倍もの鎮痛作用を示す活性代謝物であることが知られています。

ヘロイン（ジアセチルモルヒネ）は、生体内で二つあるアセチル基のうち、まず三位のアセチル基がきわめて速やかに加水分解されて六-アセチルモルヒネとなります。さらに六位のアセチル基も加水分解されてモルヒネに変化し、その後はモルヒネと同様に代謝、排泄されます。これらの加水分解速度は速やかで、尿検査からモルヒネを摂取したものか、ヘロインを摂取したものかを判定することは困難です。しかし、摂取後数時間以内の試料を入手できれば、ヘロイン摂取に特有の六-アセチルモルヒネを検出できる場合があります。尿検査に際しては、グルクロン酸抱合体になっているものが多いことから、β-グルクロニダーゼという酵素や塩酸を用いてグルクロン酸抱合体を加水分解してからモルヒネを抽出します。

第四章　コカイン

コカイン（ベンゾイルエクゴニンメチルエステル）は、コカの葉に含有されるアルカロイドで、代表的な麻薬の一つです。現在、欧米諸国で最も乱用が問題となっている薬物であり、その製造・輸送・販売には強大な非合法ネットワークが関与しています。日本においても、ここ一〇年、乱用の兆しがみられ、コロンビア麻薬マフィアがつぎのターゲットとして日本を狙っているのではと懸念されています。一九九一年、有名俳優が旅先のハワイで、パンツの中に隠していたとして逮捕されたり、一九九四年、大手出版社の社長が、密輸と使用で検挙された事件は、マスコミでも大きく取上げられ、覚えておられる方々も多いと思います。

コカ・コーラにコカイン？

コカ葉の原植物であるコカ（学名エリスロキシロン・コカ・ラムおよびエリスロキシロン・ノ

ヴォグラナテンセ・ヒエロンが麻薬原料植物に指定されています）は、南米西部原産のコカノキ科の常緑樹です。一～二メートルぐらいの高さになり、年間平均三回、それぞれ一一〇～一二〇グラムの葉が収穫できます。

コカの利用の歴史は古く、アンデス地方では、紀元前から外科手術の際の麻酔剤として使用されていた形跡がみられます。また、コカ葉の咀嚼（そしゃく）習慣がインディオたちに、この地域の過酷な生活環境にも対処できる力を与えてきたといわれています。十六世紀に入り、インカ帝国を滅ぼしたスペイン人によってコカ葉が欧州に伝えられ、一八六〇年、ドイツのA・ニューマンによってコカ葉から活性成分が初めて単離されて、コカインと名付けられました。また、一八八四年、ウィーンの眼科医K・ケラーによってコカインに局所麻酔作用のあることが確認されました。十九世紀後半には、コカインは、うきうきした気分にさせ、活力を与えるとして、さまざまな強壮剤の成分や、疲労、喘息、モルヒネ中毒、胃炎など多くの病気の治療薬としてもてはやされました。そのなかで、フランスの化学者A・マリアーニがコカの葉と赤ワインを混合して製造した「マリアーニ酒」は、ローマ法王や王族のメンバーから市井の人々まで、大勢の人々に愛用されました。また、一八八六年、米国アトランタの売薬業者であったJ・ペンバートンがコカインとコーラナッツの抽出物を含む飲物を製造しました。これが、コカ・コーラです。その後、コカインの危険な副作用が明らかになり、一九〇六年にはコカインの代用品としてカフェインが用いられるようになりましたが、現在でも、独特の風味を与えるため、コカインなどを除いたコカ葉の抽出物が添加されています。

コカ葉には、乾燥葉の約一・五％のアルカロイドが含有され、その七〇～八〇％がコカインです。そのほかに、コカインの一〇～一五％のシス‐シンナモイルコカインおよびトランス‐シンナモイルコカイン、二～三％のトルキシリンなどが含有されています（図４・１）。麻薬及び向精神薬取締法では、エクゴニンおよびその塩類、コカインその他エクゴニンのエステルおよびその塩類、コカ葉が麻薬に指定されています。

コカ葉からコカインまで

コカの栽培は、主として南米の中央アンデスおよび北部アンデス地帯で行われており、約六〇％がペルー、三〇％がボリビア、九％がコロンビアです。一九九四年、この三国でのコカ栽培地は二〇万ヘクタールを超え、約八五〇トンのコカインが密造されたと推定されています。

収穫されたコカ葉は、コカ栽培地域の近くで、「コカペースト」に変換され、さらにそれらがいろいろな規模の密造所に集められて「コカインベース（コークベースともいう）」に変換されます（図４・２）。コカインベースはほとんどがコロンビアへ密輸されます。世界のコカインの大部分はコロンビアで製造されているのです。一キログラムのコカペーストには、約一〇〇キログラムのコカ葉が必要とされ、一キログラムのコカインベースには、二・五キログラムのコカペーストが必要とされます。そして、一キログラムのコカインベースが一キログラムの塩酸コカイン（純度八〇～

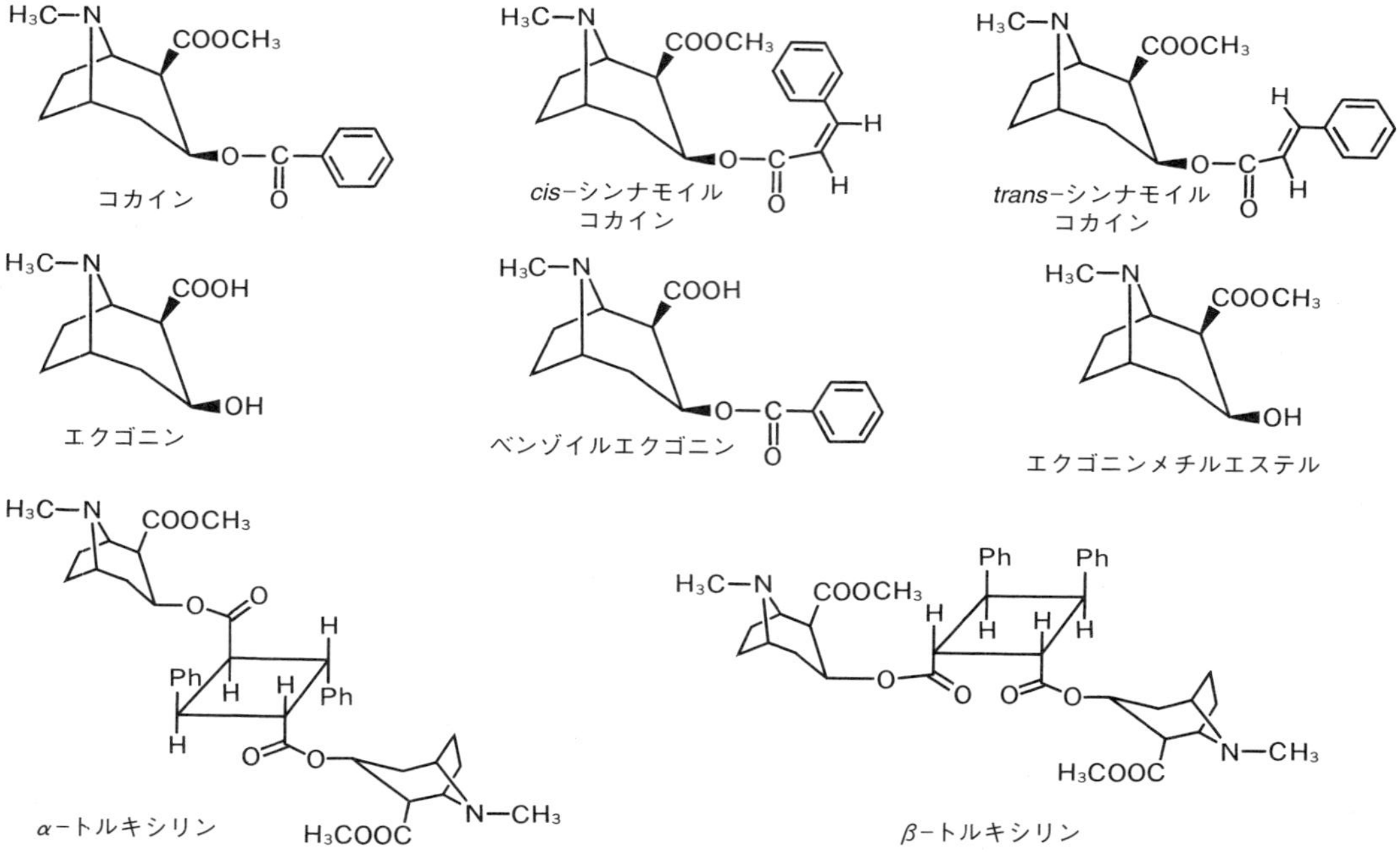

図4・1　コカ葉中のおもなアルカロイド

九〇％）に変換されます。

塩酸コカインは、白色結晶性粉末で、苦味と舌を麻痺する作用があります。水、エタノール、クロロホルムに溶けます。塩酸塩になっていないコカイン（遊離型コカイン）は、柱状結晶で、苦味があり、水に溶けにくく、エタノール、エーテル、クロロホルムなどに溶けます。

コカ葉をコカペースト、コカインベースに変換することによって、体積がどんどん減少し、輸送がきわめて容易になると同時に、純度の高い（コカペーストの純度は三〇～八〇％）生産品となるため、価格は最初のコカ葉の四倍以上となります。密造法はいくつかありますが、一般的な方法を図4・2に示します。コカイン精製所の規模もさまざまで、電気も通じていないジャングルのなかで、一八〇人分の宿泊施設と診療所、二台の発電機と六〇台近くの電子レンジを備え、一週間に八トンものコカインを密造できるほど大規模なものも摘発されています。

コカインの作用

コカインは、局所麻酔作用をもっています。そのため、目や鼻、のどの外科手術の際、表面麻酔剤として用いられていました。コカインは粘膜から容易に吸収されるうえ、その血管収縮作用によって手術中の重篤な出血を防止するという利点もあったからです。現在は、より毒性の弱いプロカイン、リドカインなど、多くの局所麻酔剤が合成され、コカインはあまり用いられていません。中枢神経系に対しては、覚せい剤アンフェタミン類と同様に、興奮作用を示します。これは、神経と神経の接合部位であるシナプスでドーパミンやノルアドレナリンなどの神経伝達物質の放出促進と再取込み抑制が起こるためと考えられています。覚せい剤と同様に、疲労感の消失、多幸感、食欲低下、頻脈、呼吸数の増加、血圧上昇、体温上昇などを引起こします。中毒症状も類似していて、消化器障害、不眠、幻覚、精神障害などを生じ、精神依存を形成します。症状が進むと、幻覚や妄

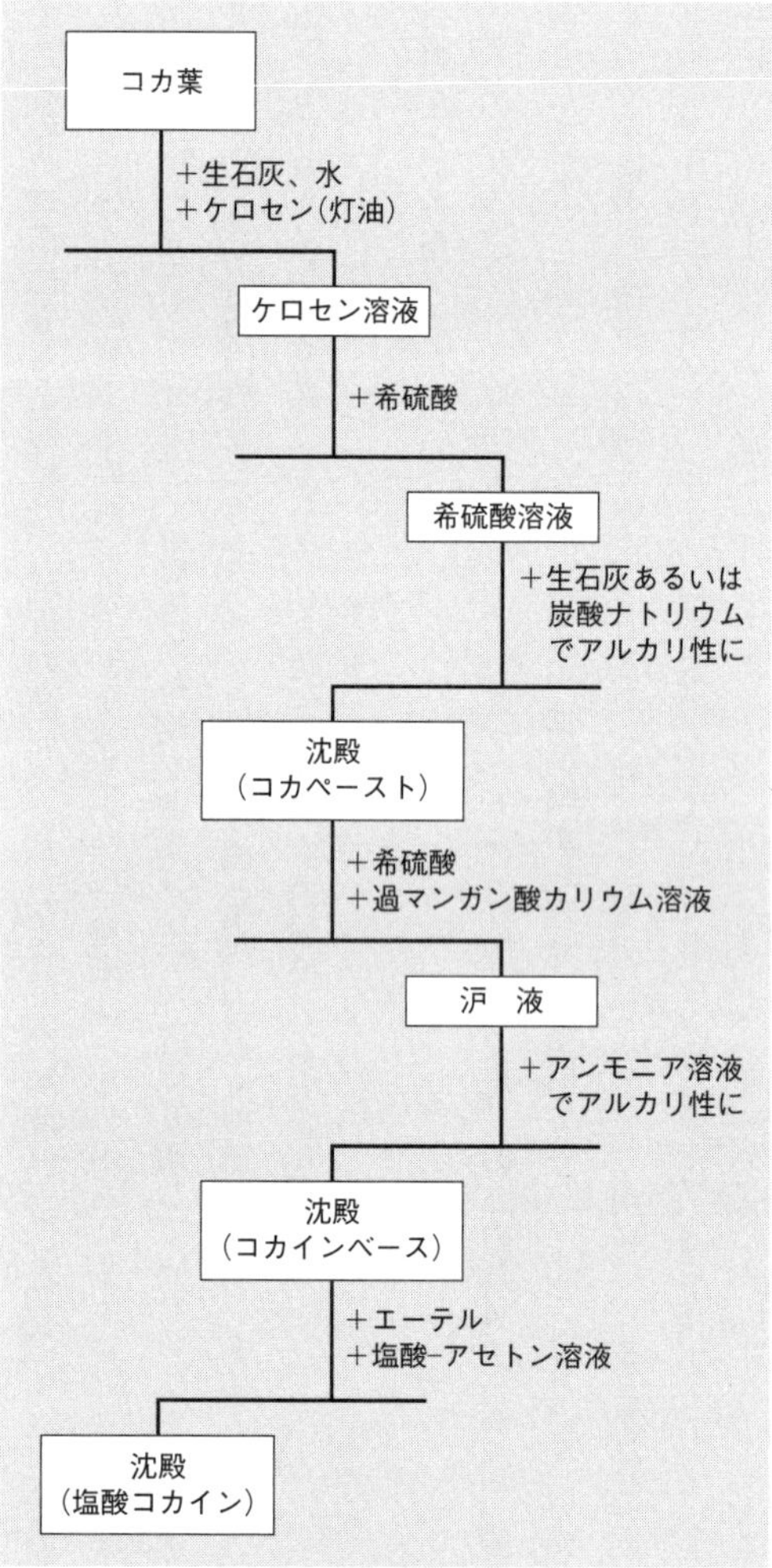

図 4・2　コカイン密造法　コカ葉からの塩酸コカインの製造法を示す

想を伴う精神分裂病様の症状が現れます。コカイン中毒の特徴として、皮膚や粘膜に幻覚を感じます。皮膚の上を虫がはいまわっているような感じがして、たえず爪でかいたり、実際にはいない虫を探すために、針を刺して皮膚を傷つけたりすることがあります。

コカインの場合、作用の持続時間は短く、二〇～六〇分です。しかし、なかには非常に過敏な人があり、中枢神経系の興奮状態をまったく起こすことなく、急激なショック症状を起こし、血圧低下、呼吸困難をきたして死亡することがあります。

コカインは血管収縮薬なので、妊婦が使用した場合、胎児への血液の供給が減少し、栄養の供給が減少します。妊娠中にコカインを使用した女性から生まれた子供（コカイン・ベビー）には、顕著な震え、情緒障害、学習困難、とぼしい対人反応などの障害がみられることが多く、乳幼児突然死症候群にかかる率も平均より高いことが示されています。また、これらの女性では、流産、早産、胎盤早期剥離、死産の率が異常に高いことが報告されています。

コカインの一回の使用量は、通常一五～三〇ミリグラムです。致死量は個人差が大きく、〇・一～〇・三グラムで死亡した例もありますが、一・二グラム程度といわれています。

医療面でコカインは、末期がん患者に対する鎮痛薬「ブロンプトン・カクテル」の成分として、モルヒネとともに使用されています。混合物のなかにコカインがあると、モルヒネの嗜眠、昏睡の作用を軽減し、患者を環境に適応させる効果があるといわれています。

コカイン乱用の現状

前述したように、欧米諸国で現在最も乱用されている薬物がコカインです。一九九四年には、全世界で三〇三トンのコカインが押収されています。そのうち、一一五トンが米国、一一八トンが欧州、一二一トンがメキシコ（米国向けのものと考えられます）での押収です。米国においては、一九九三年の統計で、毎週使用している者が約四七万人、過去一カ月に使用した者が一三〇万人、過去一年に使用した者は四五〇万人に達しており、コカイン中毒で救急病院へ搬送された者は一二万人を超えています。

塩酸コカインは、通常、鼻から吸う方法で用いられます。使用者は、塩酸コカインの結晶を鏡や大理石のテーブルなど、つやのある平面に載せ、カミソリなどで細かくくだいた後、幅二〜三ミリメートル、長さ三〜五センチメートル程度の筋状に並べます。このコカインの筋を、ストローや丸めた一ドル紙幣などを利用して鼻へ吸い込みます。この方法は、外国映画の一シーンでときどき見かけたりしますので、お気づきの方も多いと思います。鼻から吸う方法で使用されたコカインは、鼻粘膜から速やかに吸収され、数分で作用が現れ、一時間程度継続します。長期の鼻腔内使用は、組織壊死と鼻中隔の穿孔を引起こします。

数は多くありませんが、静脈に直接注射して使用する者もいます。この場合、非常に強烈な多幸感が即座に得られ、五〜一五分継続します。最近は、コカインとヘロインを混合して一緒に注射するスピードボーリングと呼ばれる方法も用いられています。この方法の目的は、コカインの刺激的な作用を、ヘロインの鎮静的で緊張を緩和する作用で緩衝するためのようです。また、コカイン使用後に起こる抑うつ状態を、作用持続時間の長いヘロインが和らげる効果もあるようです。興奮剤と抑制剤を組合わせると、個別に使用するより安全だと信じている乱用者もいるようです。しかし、この組合わせは、ヘロインによる呼吸抑制がコカインによって一層強化される可能性があり、単独で使用するより、より危険性を高くすることとなります。

一九七〇年代中ごろから、塩酸塩にしていない遊離型コカインを吸煙使用することが人気を得るようになりました。この場合、作用はほとんど瞬時に発現しますが、継続時間は一〇～二〇分程度です。コカインの吸煙使用は、南米でのコカペーストの吸煙使用習慣から派生したものと考えられています。コカペーストは、ケロセン（灯油）、酸、アルカリなど多くの不純物を含有するため、この方法による摂取は重篤な肺障害を引起こします。そこで、密売されている塩酸コカインを水に溶解し、アンモニアなどでアルカリ性としたのちエーテルで抽出、乾燥によってエーテルを除去して「フリーベース」を得、これを特殊なパイプに入れて加熱して吸煙使用することも行われています。この場合、加熱に用いる発火装置によってエーテル蒸気に引火して、顔面をやけどする危険を伴います。

一九八〇年代に入り、「クラック」あるいは「ロック」と呼ばれる新しいタイプの遊離型コカインが出回り、コカインの乱用が爆発的に流行・拡大しました。塩酸コカインに水と重曹（炭酸水素ナトリウム）を加えて加熱したのち冷却すると、油状の遊離塩基が固体となります。これがクラッ

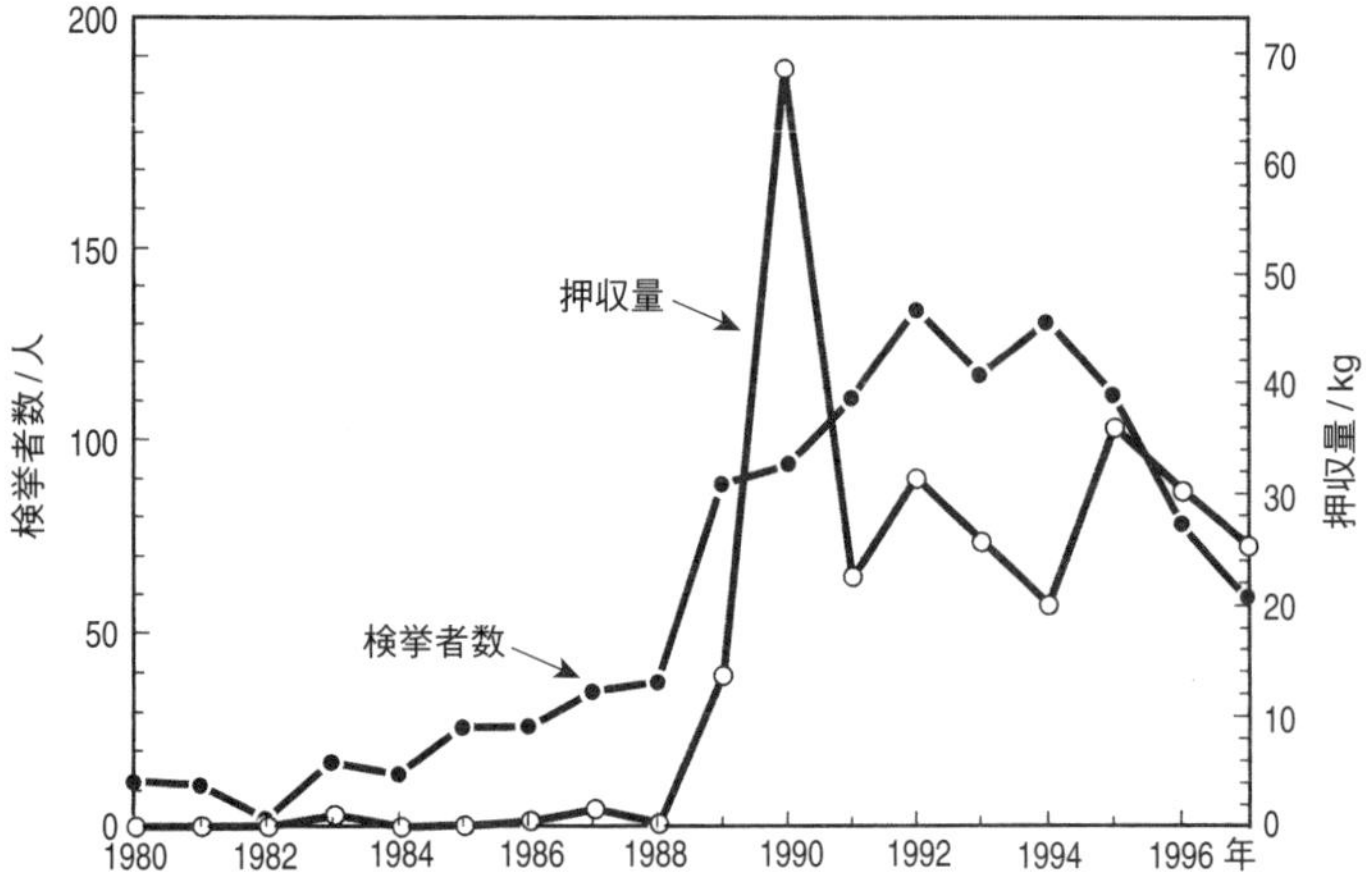

図4・3　日本におけるコカイン事犯の推移

クです。小さな塊の形で売られており、フリーベースと同様にパイプに詰めて吸煙します。クラックは、少量でもさばかれ、一回使用分がだれにでも入手できるほど安価であることから、若者や経済的に余裕のない人たちも買うことができるようになり、爆発的な流行につながりました。

コカインは鼻腔内使用、静脈注射あるいは吸煙によって、ほぼ瞬時に「ハイな気分」へと立ち上がりますが、一〇～二〇分後には、非常に不安で抑うつ的な状態へと急激に陥ります。この状態を避けるため、手持ちのコカインがなくなるまで連続してコカインを使用し続ける者も多く、ますます重篤な中毒状態に陥ってしまうことになります。

日本においては、一九八九年ごろからコカイン事犯が急増しています（図4・3）。

コカインの検査法

コカインに対する捜査現場でのスクリーニングテストには、チオシアン酸コバルト試薬を用いた呈色反応が利用されています。検査は三段階からなります。コカイン試料にチオシアン酸コバルト試薬を加えると青色沈殿を生じ、これに塩酸を添加すると沈殿は溶解します。さらにクロロホルムを加えてよく振り混ぜると下層が青色を呈します。第一段階でコカインと同様の青色沈殿を生じる薬物もいくつかありますが、これらは第三段階で下層が青色を呈することはなく、青色→桃色→青色と変化する呈色はコカインに特有です。発色は、コカイン-チオシアン酸コバルト錯体形成によると考えられていますが、その構造は不明です。図4・4に示すような携帯用検査キットが市販されています。

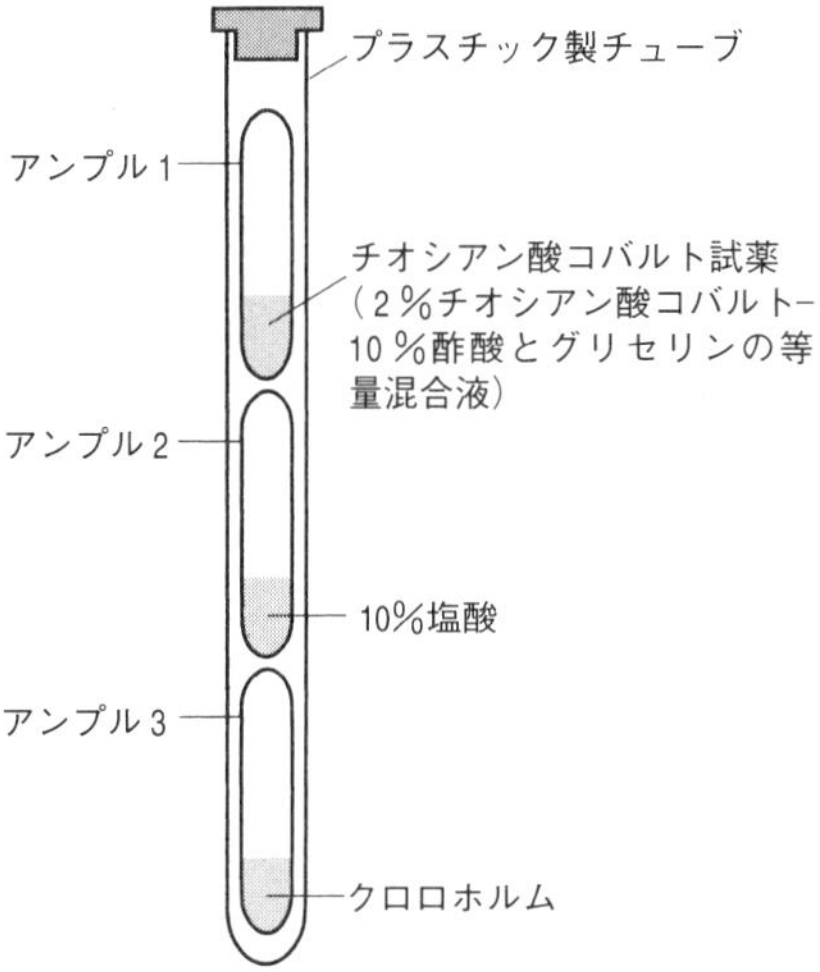

図4・4　携帯用コカイン検査キット　プラスチック製チューブ中に少量の試料をとり，チューブを曲げてアンプル1を割り，青色沈殿の生成を観察する．つぎにアンプル2を割り，よく振って沈殿の溶解を観察する．さらにアンプル3を割って，クロロホルム層が青色を呈することを観察する

　検査機関においては、試料の水溶液をアルカリ性として有機溶媒で抽出、得られた抽

出物について、薄層クロマトグラフィー、ガスクロマトグラフィー、赤外吸収スペクトルの測定、ガスクロマトグラフィー／質量分析などによる検査・確認を行います。

コカインを摂取した場合、未変化体として尿中に排泄されるのは投与量の約一〜一〇％で、大部分は速やかに加水分解を受け、ベンゾイルエクゴニン、エクゴニンメチルエステルを生成し、さらに一部はエクゴニンとなります。使用後数時間以内に採取した尿を分析しないと、未変化体の検出は困難です。コカイン使用の証明は、通常、ベンゾイルエクゴニン、エクゴニンメチルエステルを検出して行われます。なお、エクゴニンは水溶性なので、尿からの抽出ができず、検査対象とはしません。また、コカインは、アルカリ性溶液中では、冷蔵保存しても急速に分解されるので、検査のための尿試料などの保存には、凍結保存が指示されています。

ベンゾイルエクゴニンは水溶性が高いため、その抽出には、クロロホルム-イソプロパノール（三対一）混液や固相抽出が用いられ、ガスクロマトグラフィー分析を行う際は、トリメチルシリル化と呼ばれる誘導体作製法などが使われています。

第五章　幻覚剤（ＬＳＤ、エクスタシーなど）

幻覚剤には、さまざまなものがありますが、大部分が麻薬に指定されて規制されています。オウム真理教が、イニシエーションと称する儀式で、薬物による幻覚を教祖の力によると思い込ませるため、いくつかの幻覚剤を密造し、使用していたことは記憶に新しいところです。

幻覚剤の最も大きな効果は、使用の結果、その人の感情に変化が現れることですが、使用者の感情変化は、同じ経験内でも絶望からエクスタシーまで非常に広範囲です。使用者たちは、快適な経験を「グッド・トリップ」、強烈でさまざまな精神的反応を「バッド・トリップ」という言葉で表したりしています。また、場合によっては、使用をやめた後も長い間精神的な効果が続くこともあります。どのような幻覚剤であっても、それを使用することの最大の危険性は、どんなときも、誰も、使用の結果を予測できないことにあるといわれています。

幻覚剤とは

幻覚剤は、中枢神経系に作用して正常な知覚、思考、自己認識を妨害する精神異常発現薬です。多量に服用すると記憶障害、意識障害、混迷などの状態に陥ることもあります。

幻覚を発現する自然界の物質は経験的に古くから知られており、宗教的儀式や占いなどに用いられていました。たとえば、南米では、オロリウキイというヒルガオ科植物の種子から得られたものや、アステカ人がテオナカトール（神の食べ物）と呼んだある種のキノコから得られたもの、ピヨーテと称するサボテンから得られたものなどがあります。しかし、これらの活性成分について本格的な研究がされ始めたのは、一九四三年、ＬＳＤの強力な幻覚作用が発見されてのちのことです。幻覚成分が明らかにされると、同様の薬理作用をもたせながら、その化学構造を少し変えた新しい物質（「デザイナー・ドラッグ」といいます）が数多く合成され、乱用されてきました。幻覚剤の種類は非常に多いのですが、化学構造から、リゼルギン酸誘導体、フェネチルアミン誘導体、インドール誘導体、その他の化合物の四つに分類されます（図5・1）。代表的なものを表5・1と表5・2にあげます。日本においては、一九七〇年、ＬＳＤが麻薬に指定され、その後、一九八九年からの度重なる法改正により、二〇種以上の幻覚剤が麻薬に指定されています。幻覚剤は、医療用としての使用は認められていません。乱用事例の最も多いのはＬＳＤですが、最近は、ＭＤＭＡ（三、四-メチレンジオキシメタンフェタミン）の乱用が問題となってきています。

ＬＳＤ（リゼルギン酸ジエチルアミド）

ＬＳＤは、一九三八年、スイスの製薬会社のＡ・ホフマンによって、ライ麦に寄生する麦角菌が産生する麦角アルカロイドからの部分合成によって初めて合成され、一九四三年、その劇的な幻覚作用が偶然発見されました。元来、麦角アルカロイドのなかには子宮収縮作用をもち、分娩促進剤として用いられている成分が多く含まれています。ＬＳＤは、これら一連の化合物を研究中に合成されたものです。その後、精神科領域で治療あるいは診断用に使用することも研究されましたが、適当な用法はないとされ、現在では医療にはまったく用いられていません。一九六〇年代後半、欧米、特に米国においてヒッピーと呼ばれた人々を中

リゼルギン酸誘導体

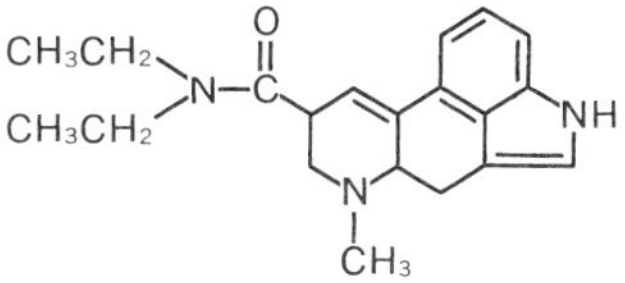

リゼルギン酸ジエチルアミド(LSD)
(0.02〜0.1 mg，麦角アルカロイドから部分合成)

フェネチルアミン誘導体

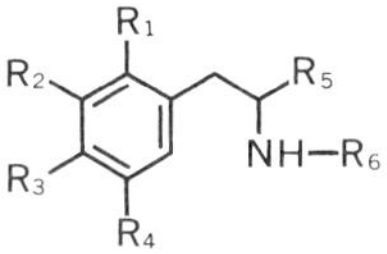

インドール誘導体

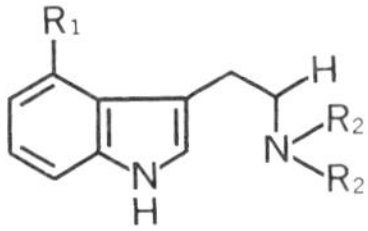

その他

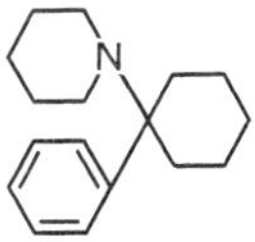

フェンシクリジン(PCP)
(5〜10 mg，動物用麻酔薬として開発)

図５・１　おもな幻覚剤　フェネチルアミン誘導体の R_1〜R_6 は表５·１を，インドール誘導体の R_1，R_2 は表５·２を参照

表5・1　幻覚剤として用いられるおもなフェネチルアミン誘導体（フェネチルアミン誘導体の構造は図5・1参照）

化　合　物　名	R_1	R_2	R_3	R_4	R_5	R_6	1回の使用量	起　源
メスカリン	H	OCH_3	OCH_3	OCH_3	H	H	200～600 mg	サボテン成分
3, 4, 5-トリメトキシアンフェタミン（TMA）	H	OCH_3	OCH_3	OCH_3	CH_3	H	150～200 mg	合成品
2, 5-ジメトキシ-4-メチルアンフェタミン(DOM, STP)	OCH_3	H	CH_3	OCH_3	CH_3	H	3～5 mg	合成品
4-ブロモ-2, 5-ジメトキシアンフェタミン（DOB）	OCH_3	H	Br	OCH_3	CH_3	H	1～2 mg	合成品
3, 4-メチレンジオキシアンフェタミン（MDA）	H	$-O-CH_2-O-$		H	CH_3	H	120～150 mg	合成品
3, 4-メチレンジオキシメタンフェタミン（MDMA）	H	$-O-CH_2-O-$		H	CH_3	CH_3	75～150 mg	合成品
3, 4-メチレンジオキシエチルアンフェタミン（MDEA）	H	$-O-CH_2-O-$		H	CH_3	C_2H_5	75～150 mg	合成品

表5・2　幻覚剤として用いられるおもなインドール誘導体（インドール誘導体の構造は図5・1参照）

化　合　物　名	R_1	R_2	1回の使用量	起　源
N, *N*-ジメチルトリプタミン（DMT）	H	CH_3	70～80 mg	植物成分
N, *N*-ジエチルトリプタミン（DET）	H	C_2H_5	70～80 mg	合成品
サイロシビン	OPO_3H	CH_3	6～20 mg	キノコ成分
サイロシン	OH	CH_3	6～20 mg	キノコ成分

心にＬＳＤの乱用が広まって大きな社会問題となり、日本でも一九七〇年、ＬＳＤが押収されたのを契機に麻薬に指定されました。現在でも年間二〇〜三〇名のＬＳＤ事犯の検挙があります。

ＬＳＤは、〇・〇二〜〇・〇五ミリグラムの微量の服用で作用が現れます。現在のところ、最も強烈な幻覚剤です。服用三〇〜六〇分後に、主として色彩に富んだ幻視、錯視を伴う幻覚が現れ、八〜一二時間持続します。気分的には、不安感、恐怖感、うつ状態、あるいは逆に陽気、陶酔状態になることがあります。集中力がなくなり、距離や時間に対する感覚が乱れ、時には異常感覚に襲われ、神秘的な感じになることもあります。散瞳、脈拍数の増加、体温上昇、嘔吐、筋肉のけいれんなどが起こり、時には精神分裂病のような状態になることもあります。耐性、依存性の形成は他の麻薬のように強くはありませんが、人によっては一時の服用でも長期間精神異常をきたすことがあり、フラッシュ・バックがあることも知られています。また、ＬＳＤ使用で実際に起こることは確認されていませんが、細胞や動物を用いた実験で、染色体の損傷や催奇形性を示唆する結果が示されています。

密売されているＬＳＤの形状としては、粉末、錠剤、カプセルのほか、角砂糖に染み込ませたものなどがありますが、最近は沪紙のようなシート状の厚紙に染み込ませたものが主流です。そのため、航空郵便に同封して容易に密輸されることが、大きな問題となっています。このシートは、一回分ごとに切り放せるようにミシン目が入っていたり、ミッキーマウス、ピエロ、ＵＦＯや日本の家紋など、さまざまな図柄が印刷されていたりします。

ＬＳＤは、エタノール、エーテル、クロロホルムなどの有機溶媒に溶けやすく、水に溶けにくい白色結晶です。多くは、水に溶けやすい酒石酸塩として用いられています。ＬＳＤは、暗所で紫外線を照射すると、青白色の蛍光を示します。この蛍光は非常に強く、〇・一マイクログラムでも確認できるので、ＬＳＤの検出に利用されています。ＬＳＤは光によって分解されやすいので、押収品の保存や、検査中の試料の取扱いに配慮が必要となります。乱用者も、「物」をアルミホイルに包んで所持している場合が多く、遮光に注意しているようです。

メスカリン

メスカリンは、米国南西部およびメキシコ北部に生育するピヨーテと呼ばれるサボテンから、その向精神作用の主成分（含有量は約六％）として、一八九六年に単離されました。ピヨーテは、この地域のさまざまな先住民によって、宗教的儀式の際に用いられてきたものです。その後、ピヨーテ以外の数種のサボテンにも含有されていることが見いだされました。しかし、現在乱用が問題になっているものは、化学的に合成されたものです。したがって、麻薬及び向精神薬取締法では、メスカリンを含む植物でも、麻薬原料植物に指定されておらず、規制の対象とはなっていません。

メスカリンは経口で摂取されます。その作用は、ＬＳＤと同様です。しかし、メスカリンは脳血液関門を通過しにくいため、多量の服用が必要で、ＬＳＤの一万倍近い二〇〇～六〇〇ミリグラムが用いられます。使用後、一時間くらいで鮮明な幻覚が始まり、一二時間程度継続します。

ＭＤＭＡ（三、四－メチレンジオキシメタンフェタミン）

メスカリンと類似の作用をもつ化合物がつぎつぎと合成されて乱用されていますが、現在、欧米諸国の若者の間で、乱用が拡大しているものの一つが、覚せい剤のメタンフェタミンに化学構造が類似したＭＤＭＡです（図５・２）。ＭＤＭＡは、最初、食欲減退剤として開発されたものですが、市販されたことはありません。密売市場では、「エクスタシー」、「アダム」などとも呼ばれています。粉末、カプセル、あるいは錠剤として密売されていますが、錠剤には、さまざまな図柄の刻印があり、図柄に由来するニックネームで呼ばれることもあります。ＭＤＭＡにはＬＳＤに類似した知覚変化を伴う中枢神経の興奮作用があります。七五～一五〇ミリグラムを経口摂取すると、三〇分以内に効果が現れ、三時間程度継続します。オールナイトのダンスパーティーで好んで使用されていますが、ＭＤＭＡには体温上昇作用や血圧上昇作用があるので、これを摂取して激しい運動をすることは非常に危険です。また、薬効が持続していた間の記憶がほとんど失われていることも珍しくありません。さらに、動物実験で、脳中のおもな神経伝達物質であるセロトニンが関与する神経細胞を選択的に破壊することが見いだされており、脳に障害を生じることが示唆され

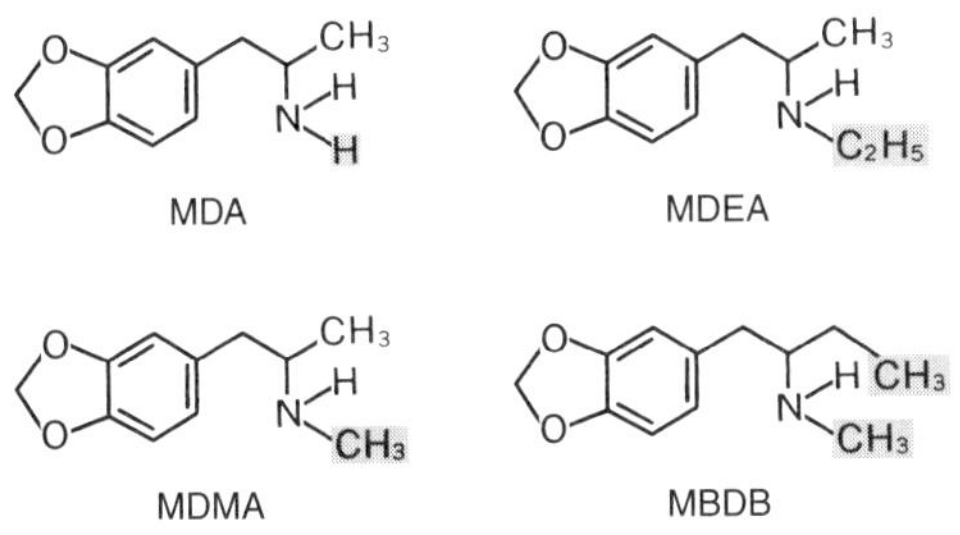

図５・２　**MDA** からのデザイナー・ドラッグ

ています。

三,四-メチレンジオキシアンフェタミン（MDA、「ラブドラッグ」）や三,四-メチレンジオキシエチルアンフェタミン（MDEA、「イブ」）も類似の作用をもち、同様に乱用されています。日本では、一九八九年に麻薬に指定されました。一九九七年には、それぞれ七九〇〇錠と五六九八錠のMDMAを体に巻き付けて入国しようとした者二名が成田空港で逮捕された事例などがあり、乱用の拡大が懸念されています。

サイロシビン、サイロシン

サイロシビンとサイロシンは、いわゆる「マジック・マッシュルーム」といわれるキノコの成分です。一九五〇年代まで、ほとんど知られていませんでしたが、LSDを合成したA・ホフマンによって、サイロシベ・メキシカナというキノコから、活性成分として取出されました。このキノコは、テオナカトールと呼ばれ、何世紀にもわたって、中央アメリカおよびメキシコで、インディオによって使用されてきたものです。その後、北米や欧州産のサイロシベ属のキノコなどにもサイロシビンやサイロシンが含有されることが明らかにされました。乾燥キノコ中には、サイロシビンが〇・二～〇・四%、サイロシンがほんのわずかに含有されています。

六～二〇ミリグラムのサイロシビンを経口摂取すると、LSDと同様の幻覚作用を示します。効果は、服用後一五分以内に現れ、九〇分後に最高となり、五～六時間継続します。サイロシンも同様の効果をもたらしますが、その強さは約一・四倍といわれています。サイロシビンは不安定で、使用すると、体内で比較的速やかにサイロシンに変換されます。したがって、サイロシビンの作用は、体内で生成したサイロシンによると考えられています。

日本でもサイロシビンやサイロシンを含有するキノコが押収された事例がありましたが、これらを含有する植物は麻薬原料植物には指定されておらず、取締り対象にはなっていませんでした。第八章に述べるように、最近、「合法ドラッグ」と称して、マジック・マッシュルームがインターネットや通信販売で容易に入手できるようになり、それによる事故が増加してきました。そこで、二〇〇二年、厚生労働省は、マジック・マッシュルームを麻薬原料植物に指定し、麻薬及び向精神薬取締法で規制するようになりました。

ＰＣＰ（フェンシクリジン）

ＰＣＰは、米国で乱用されている幻覚剤の一つですが、摂取量によって作用が異なる特異な薬物です。ＰＣＰは、一九五〇年代、米国において、鎮痛・麻酔薬として開発されました。一九五七年、臨床実験が始められ、二〇ミリグラムの静脈注射で、手術中の麻酔薬として有効であることが認められました。しかし、多くの患者で麻酔からさめたあと、視覚異常や精神錯乱がみられ、一九六五年、人への使用が禁止されました。その後、一九六七年、動物用麻酔薬として市販され、最初、霊長類動物で用いられました。安全域が広く、すぐ効果が現れることから、大動物を動かないようにするためなどに使用されてきました。しかし、乱用が問題化し、一九七八年、製造が全面的に禁止され、厳しく規制されるようになりました。日本でも、二、三の押収例があります。

ＰＣＰの不法使用は、一九六〇年代後半、最初、米国サンフランシスコで始められ、「ピース・ピル（PeaCe Pill）」と呼ばれる錠剤として売られました。また、「エンジェル・ダスト」などの名前でも呼ばれています。液体、錠剤あるいはカプセルの形状で、吸煙、吸入、注射あるいは経口で使用されますが、最も一般的な方法は吸煙です。液体あるいは粉末を、紙巻きタバコにまぶしたり、マリファナ（大麻草）、パセリ、オレガノ、ミントの葉などに振り混ぜて、吸煙されます。また、ＬＳＤとともに用いられる場合もあります。

通常五～一〇ミリグラムが用いられますが、経口で摂取した場合には一時間以内に、吸煙、注射では数分以内に作用が現れます。吸煙による効果は、三〇分後に最大に達し、ハイな状態は四～六時間持続します。その後、徐々に作用は減弱し、二四時間以内には消失します。しかし、場合によっては、五～六日間も薬物の影響が続くこともあります。これは、ＰＣＰの脂溶性が高いため、脂肪組織や脳中に蓄積され、これらの貯蔵部位からゆっくり放出されることによると考えられています。また、ＰＣＰにはフラッシュ・バックがあることも指摘されています。

ＰＣＰの作用は、摂取量によって異なります。少量（一～一〇ミリグラム）の使用では、四肢に特徴的な感覚麻痺がみられる以外は、穏やかな多幸感を伴うアルコールの作用と類似しています。眼振、筋硬直、歩行困難、血圧上昇、散瞳などが特徴的な症状です。量が増える（二〇ミリグラム）と、筋硬直、高血圧、意味のない凝視、目を開けたままの昏睡、痛覚の喪失などを生じます。さらに多量（七〇ミリグラム以上）では、けいれん、昏睡、呼吸抑制を引起こし、最終的には死に至ります。ＰＣＰの精神、知覚に対する作用としては、多幸感が得られ、現実感がなくなり、時には浮遊しているような感じになります。また、幻視が生じたり、聴覚が遠くなったり、時間および空間の感覚の乱れを生じます。さらには、集中力や思考力、協調性の欠如がみられます。多量や慢性の使用者では、知覚障害のほか、異常な興奮、奇怪な行動や狂暴な行動、顔をゆがめるなどの反復性の筋肉運動などの行動障害がみられます。ＰＣＰが誘発する精神病は、精神分裂病と非常に類似しており、一回のみの使用でも、長期にわたる入院や入退院を繰返す者も少なくありません。

繰返される密造者と取締り機関とのイタチごっこ

ある薬物の構造の一部を意図的に変えて合成されたデザイナー・ドラッグは、化学構造が類似していることから、法規制を受けている薬物と同等あるいはそれ以上の薬効をもつ場合がよくあります。それにもかかわらず、これらは法的には合法とみなされますので、密造者は、ある薬物が取締り対象となると、そのデザイナー・ドラッグを合成して販売し始めることとなります。今度は、その薬物を取締り機関が新たに規制薬物に追加して……と、密造者と取締り機関とのイタチゴッコとなっています。

たとえば、現在、若者の間で流行しているエクスタシー（ＭＤＭＡ）もその一例です（図５・

2)。米国では、一九六七年、ラブドラッグ（MDA）がサンフランシスコで押収されましたが、このころから各地に広がり始めました。そこで、一九七〇年には、これを、最も規制の厳しいクラス（スケジュールI）の薬物に指定して、取締りを始めました。すると、一九七二年には、MDA類似の薬物が広がり始め、押収して分析した結果、MDMAであることが明らかにされました。このMDMAは「エクスタシー」と称して、一九八〇年代なかばには、非常な流行をみるようになりました。そこで、一九八五年に、MDMAの規制を始め、一九八八年には、スケジュールIの薬物として取締まるようになりました。ところが、一九八六年に摘発した密造所では、MDEAを製造していたことが明らかにされました。このころから、MDEAは「イブ」と称して乱用されるようになりました。一九九〇年代に入って、エクスタシーとして密売されている錠剤の中に、N-メチル-(三,四-メチレンジオキシフェニル)-二-ブタナミン（MBDB）を含有しているものが押収されるようになりました。現在、MDEAもMBDBもスケジュールIの薬物として取締まられています。このように、つぎからつぎへと、構造をちょっと変えた薬物が出回ってくるのです。日本では、一九八九年と一九九〇年の麻薬取締法の大改正の際に、MDA、MDMA、MDEAは麻薬に指定されました。MBDBは、まだ乱用例がなく、取締り対象にはなっていません。しかし、これまで、日本の薬物乱用が欧米の後追いをしていることを考えると、将来、規制されることになるかもしれません。

第六章　大　麻

大麻草（図6・1）は、「麻」とも呼ばれ、その繊維は、強靭で、弾性が強く、布、網、ロープなどに広く利用されてきました。最近は、化学繊維の発達に伴い減少傾向にありますが、通風性に優れていることから、夏期用衣類などの原料として今なお高い需要があります。その反面、現在最も広く世界各国で乱用されている薬物も大麻です。なお、「麻」という言葉は、大麻と同様に長い繊維のとれる植物とその繊維の総称として広義に用いられる場合があります。この場合、茎の部分から繊維をとるカラムシやジュート麻、葉から繊維をとるマニラ麻なども含まれますので、明確にするため、「大麻」という言葉を用います。

大麻取締法には、「この法律で「大麻」とは、大麻草（カンナビス・サティバ・エル）及びその製品をいう。ただし、大麻草の成熟した茎及びその製品（樹脂を除く。）並びに大麻草の種子及びその製品を除く」と定義されており、繊維製品としての大麻および「苧実（うのみ）」として食用

（七味唐辛子の原料や鳥の飼料）にされる種子は規制対象から除外されています。

大麻草は身近な植物

大麻草の原産地は、中央アジアですが、古くから繊維や種子を得るための原料植物として栽培され、人々の移動とともに各地に広がっていきました。また、薬物としての利用の歴史も古く、紀元前三〇〇〇年ころにはすでに中国で鎮痛の目的で用いられていました。また、ゾロアスター教教典やバラモン教聖典（紀元前五〇〇～六〇〇年）にも大麻に関する記述がみられ、呪術や宗教儀式に用いられていたと考えられます。大麻吸煙の風習をヨーロッパへ伝えたのは、ナポレオン時代、エジプト遠征（一七八九～一八〇〇年）から帰還した兵士であったといわれています。米国へは、一六〇〇年代はじめに、その栽培が伝えられ、今世紀に入ってようやくメキシコから吸煙の習慣がもたらされました。

図6・1　大麻草

日本には繊維用の植物として紀元前六〇〇〇年代には大麻草が伝来していたといわれています。縄文時代の土器とともに大麻草の種子の化石が発見され、弥生時代の出土品に麻布を押してつくった模様がみられたりしています。また、上代にはすでに一般化した農作物となっていた様子が、各地に伝わる風土記などでうかがわれますし、万葉集にも麻にちなんだ歌が多く残っています。麻は、木綿が輸入される以前は、庶民の主要な衣服原料でした。江戸時代に入って木綿が普及し始めたあとも、武士の麻上下、庶民の衣類として、さらに、畳糸、蚊帳、紐、綱、漁網、下駄の鼻緒、神式儀式の幣（ぬさ）、お盆の迎え火や送り火として焚いた「おがら」など、日常生活に広く利用されてきました。

大麻の作用については、畑作業中の「麻酔い」として知られていましたが、吸煙などの風習は第二次世界大戦後まではまったくみられませんでした。大戦後、吸煙の風習が米兵などによって持込まれましたが、基地周辺に限られており、乱用が社会問題となってきたのは一九六〇年以降のことです。

大麻草の特徴

大麻草は、アサ科の一年生草本で、雄株と雌株に分かれています。丈は二～三メートルにもなります。葉は、先端がとがり、辺縁がノコギリの歯状になっている小葉が三～九枚集まって掌状となっています。夏には花が咲きます。雄花は、淡黄緑色の五弁で、五本の雄しべがあり、葯（やく）にはたくさんの黄白色の花粉をつけています。雌花は緑色で、花弁はなく、柱頭が二つに分かれていますが、子房は一つで、葉の付け根に密生して穂状を呈します。柱頭のまわりに樹脂（大麻の幻覚作用成分を多量に含む）を分泌します。種子は小卵形で、黄色の油を含みます。

大麻草中の幻覚作用成分の含有量は、生育地の環境や栽培方法などの諸条件によって異なりますが、平均一～三％程度です。ところで、大麻草にはおもしろい性質があります。雌株を雄株から分離すると、花粉を引きつけようとして幻覚作用成分を含む樹脂をより多く生成するため、幻覚作用成分の含有量が高くなるのです。このように特殊な方法で栽培したもの（シンセミラと呼ばれている）では、八～九％に達します。

幻覚作用成分は、一本の草では、花穂、葉（特に先端部）に多く、茎、種子、根にはほとんど含有されていません。

現在、大麻草は幻覚作用成分を含有する薬物型と、幻覚作用成分をほとんど含有しない（〇・〇二％程度）繊維型の二つに分類されています。前者はＴＨＣＡ種、後者はＣＢＤＡ種とも呼ばれています。繊維型は本来劣性であるため、薬物型と同一場所で栽培すると優性な薬物型に変わっていきます。日本では、「トチギシロ」と名づけられた繊維型が繊維採取のために栽培されています。

繊維用に大麻草を栽培しているおもな国は、ロシア、東ヨーロッパ諸国、インドです。国内では、わずかですが、栃木、長野、福島の各県で栽培しています。

大麻取締法では「カンナビス・サティバ・エル」を取締り対象とすることを明記しています。そのため、アサ属のなかには「カンナビス・インディカ・ラム」や「カンナビス・ルデラリス・ジャニッシュ」などがありますが、これらは規制された種ではないので、所持していた大麻が「カンナビス・サティバ・エル」であることを明らかにしない限り、大麻取締法には抵触しないのではという主張が法廷で展開されたことがあります。しかし、これらはいずれも植物形態学からみてほとんど差異はなく、ただ生育地の気候などの環境によって成分組成に差がみられる、代謝系のみを異にする変種であるとされました。現在のところ、大麻草は一属一種で、すべての大麻草が大麻取締法の対象となるとされています。

大麻の成分

大麻草には、多くの物質が含まれており、四〇〇種を越える化合物が明らかにされています。これらのうち、大麻に特有なものはカンナビノイドと呼ばれる一群の化合物で、約六〇種が知られています。なかでも、テトラヒドロカンナビノール（ＴＨＣ）、カンナビジオール（ＣＢＤ）、カンナビノール（ＣＢＮ）が主成分です。これらは、植物中ではテトラヒドロカンナビノール酸、カンナビジオール酸として含有されています（図6・2）。採取後の調製、保存や吸煙時の加熱処理によって、脱炭酸を受けてそれぞれＴＨＣ、ＣＢＤとなります。また、ＣＢＮは、テトラヒドロカンナビノール酸から水素と二酸化炭素がとれて生成するものと考えられており、古い大麻では、ＴＨＣの含有量は減少し、ほとんどがＣＢＮに変化しています。

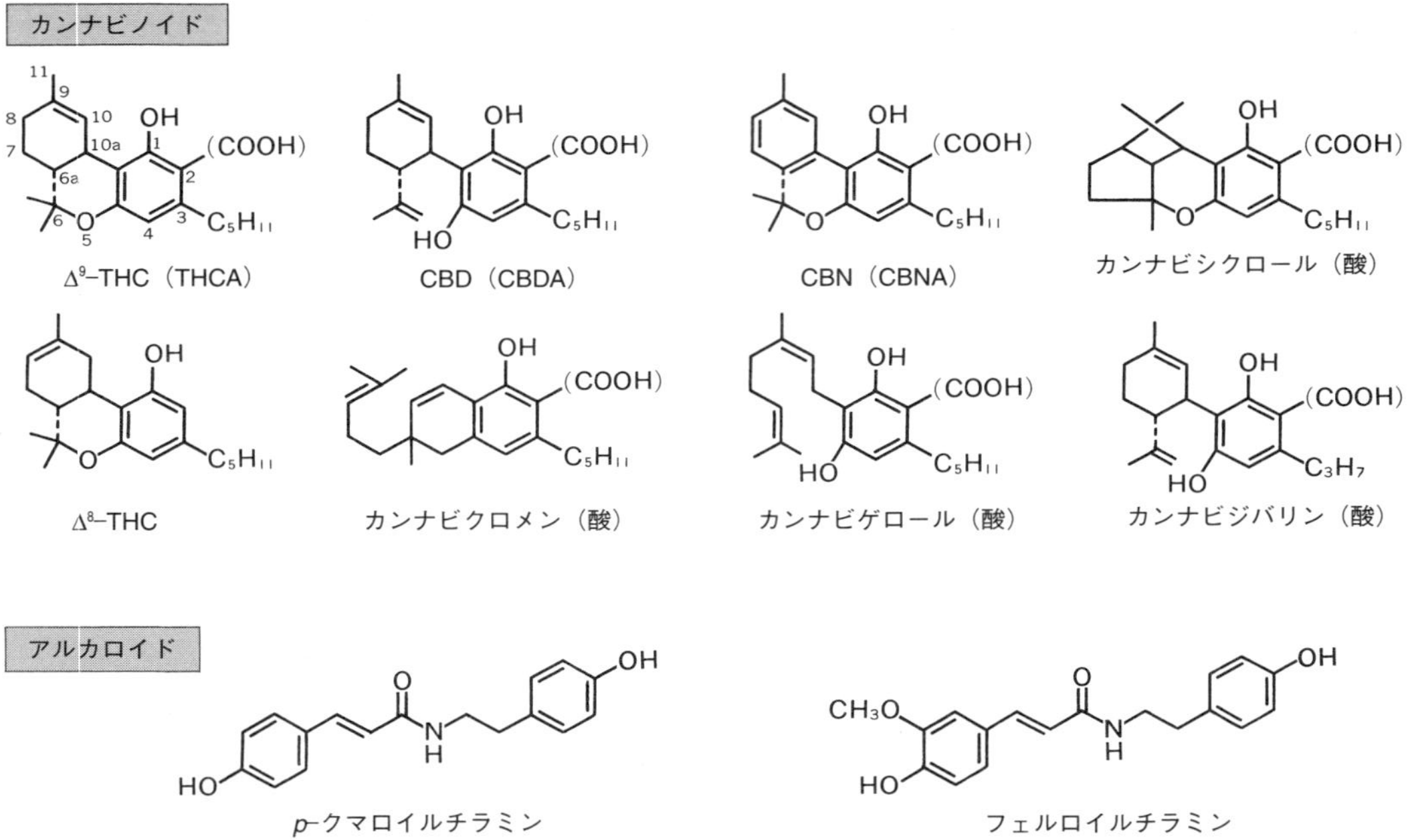

図6・2　大麻に含有されるおもなカンナビノイドとアルカロイド

ＴＨＣにはいくつかの異性体（分子式が同じで構造が異なる化合物）が知られていますが、大麻に含まれる主要成分はデルタナインＴＨＣ（Δ^9-ＴＨＣ）と呼ばれるものです。Δ^9-ＴＨＣは、一九六四年、大麻から単離された化合物で、大麻の幻覚作用の本体といわれています。水に溶けず、有機溶媒に溶けやすい無色油状物質です。比較的不安定で、光や空気、熱によって変化し、人に対する作用を消失します。デルタエイトＴＨＣ（Δ^8-ＴＨＣ）と呼ばれる異性体は安定で、微量ながら大麻中に含有されています。これも同様の薬理作用をもっています。なお、現在、計七種のＴＨＣが麻薬に指定され、麻薬及び向精神薬取締法で規制されています。化学的に合成したＴＨＣは麻薬及び向精神薬取締法の対象に、大麻草から分離精製したものは大麻取締法の対象になっています。

他の二つの主成分、カンナビノール（ＣＢＮ）とカンナビジオール（ＣＢＤ）のうち、ＣＢＮは、白色結晶で、水に溶けず、有機溶媒に溶けます。当初、幻覚作用の本体と考えられていましたが、その後の研究により作用のないことが明らかとなりました。ＣＢＤも、白色結晶で、水に溶けず、有機溶媒に溶けます。幻覚作用はありませんが、抗菌作用のあることが知られています。

乱用される大麻製品

乱用される大麻の形状は、大きく三種に分類されます。一つは、乾燥した大麻草（特に花穂および葉）を粉砕したもので、マリファナ、カンナビス、ヘンプなどと呼ばれています。第二は、樹脂を固めたもの、あるいは花穂や葉を樹脂で固めたいわゆる大麻樹脂で、ハシッシュ、チャラスなどと呼ばれています。第三は、有機溶媒を用いて樹脂から大麻有効成分を抽出した液状大麻（長期間空気に触れると固化します）で、ハシッシュオイル、ハニーオイルなどと呼ばれています。また、国によっては、香料やシロップ、タバコなどを混ぜ合わせたいろいろな製品も出回っています。これらの乱用されている大麻製品は、同一物でも世界各地で呼び名が異なり、国際連合のリストには二五〇種を越える名前が掲載されています。さらに、欧米では、大麻と他の薬物を混合したものも用いられています。ＰＣＰと混合したスーパーグラス、キラーウィード、あへんと混合したＯ・Ｊ、ヘロインと混合したアトムボムなどがその例です。

乾燥大麻草中のＴＨＣ含有量は、前述したように、多いもので八％、平均一～三％程度です。大麻樹脂のＴＨＣ含有量は、多いもので一五％、平均二～五％程度、液状大麻では、多いもので七〇％に達し、平均一〇～二〇％程度です。

大麻の乱用方法は、タバコのように吸煙する方法が最も一般的です。細かく刻んだ乾燥大麻草を紙に巻いたり、粉末状にした樹脂や液状大麻をタバコに混ぜて使用したりします。また、樹脂や液状大麻は、シロップ、ジャム、ハチミツ、ココア、チョコレート、香料などをブレンドして、飲み物として飲んだり、クッキーなどに入れて食べたりという方法で乱用される場合もあります。

大麻の薬理作用と中毒症状

大麻の作用の本体は、前述したように、THCで、これが精神の異常や幻覚を引起します。吸煙の場合、作用は吸煙してから数分以内に発現し、三～五時間持続します。経口摂取では、三〇分～一時間後に発現して、七～八時間持続します。一般に、吸煙するほうが経口よりも三～五倍作用が強くなります。THCの作用は、脳内に幅広く分布しているカンナビノイド受容体を介して発現すると考えられています。

通常、吸煙で二～三ミリグラムのTHCを摂取すると、陶酔感を覚え、五ミリグラム程度を摂取すると、聴覚、視覚の鋭敏化、時間感覚や空間感覚の変調などがみられます。また、身体的には、心拍数の増加、眼球結膜充血、気管支拡張、食欲亢進などがみられます。一〇～二〇ミリグラムの多量では、判断力、思考力が障害され、過去、現在、未来が混乱し、幻覚が起こる場合がありす。さらに大量では、幻覚、妄想、離人感、重篤な興奮状態がみられ、見当識障害などの意識障害を伴う精神病様の症状を呈することがあります。

慢性中毒に陥ると、判断力、記憶力、集中力が低下し、無感動、無気力となります。また、見当識障害、妄想、不安、不眠などが数週間から半年も続いた例が報告されています。さらに、フラッシュ・バックがあることも知られています。

また、動物実験で、カタレプシー（強硬症、受動的に与えられた窮屈な姿勢を自らの意志で元に戻そうとせず、長時間維持し続ける状態）を引起す作用、体温下降作用、ムリサイド（マウスかみ殺し行動）に代表される著しい攻撃行動をすることが確認されています。さらに、ＴＨＣが生殖ホルモン、排卵、精子生成に大きな影響を与えることが見いだされています。人における臨床研究では、これらの結果は明確には確認されていませんが、男性でテストステロンの、女性ではエストロゲンの血中濃度の減少が明らかにされており、常用者における生殖能力への悪影響が危惧されています。

一部の人によって、「大麻はそれほど害のある薬物ではなく、むしろ何ら規制されていないタバコのほうが害が大きいから、大麻を取締まる必要はない」という「大麻無害論」が主張されています。しかし、大麻を使用して、精神障害を起こした人がいることは事実であり、タバコでは、そのようなことはありません。また、国によっては、あまりにも乱用者が多く、個人使用に関しては容認しているところもあります。たとえば、米国では、一九七〇年代に入って、個人所持の非犯罪化の動きが始まり、現在、ほとんどの州で一オンス以下の少量の大麻所持は、処罰対象にはなっていません。欧州でも、規制緩和の動きが広がっています。しかし、大麻乱用からヘロインやコカインなどの他の薬物乱用への進行が指摘されていますので、規制緩和は、慎重に取組む必要があると思われます。日本を含むアジア諸国では、一般に大麻は厳しく規制されています。

大麻は現在、医療用としては用いられていませんが、最近、外国では、抗がん剤投与によるむかつきや嘔吐の治療、あるいは緑内障や喘息の治療に利用しようという試みがなされています。

大麻乱用の現状

大麻草は繁殖力の強い植物で、現在、世界の広い地域で自生しているほか、密売や乱用を目的とした不正栽培も広く行われています。さらに、室内栽培も流行しています。その目的は、野外栽培撲滅の取締りから逃れることと、THC含有量を高くするように雌株を雄株から離して植えるなど、栽培環境を工夫、コントロールすることです。

各国で乱用されている大麻は、それぞれ自国内で不正栽培されたもののほか、たとえば、米国の場合、メキシコ、コロンビア、ジャマイカなどからも密輸されています。コロンビア、ジャマイカからは、カナダ、ヨーロッパへも運ばれています。ジャマイカでは、液状大麻も製造されており、一九九四年、カナダで押収された液状大麻（約六六〇キログラム）のほとんどがジャマイカ産と推定されています。また、タイ、フィリピンなどの東南アジアからも、米国へ密輸されており、その ほかに、日本、オーストラリアなどにも密輸されています。さらに、ナイジェリア、ガーナ、ケニア、南アフリカなどからの大麻が、ヨーロッパへ密輸されています。大麻樹脂は、主としてモロッコ、レバノン、パキスタンなどで製造され、ヨーロッパ、カナダへ密輸されています。最近は、東南アジアでも大麻樹脂、液状大麻の製造が盛んになってきています。一九九四年、全世界で押収された乾燥大麻草は一万六一七トン、大麻樹脂は九六六トンに達しています。

世界の大麻乱用者は二億人以上といわれています。米国では、人口の約三分の一にあたる約七〇〇〇万人が少なくとも一度は大麻を試みたことがあり、約五〇〇万人が一週間に一回以上使用

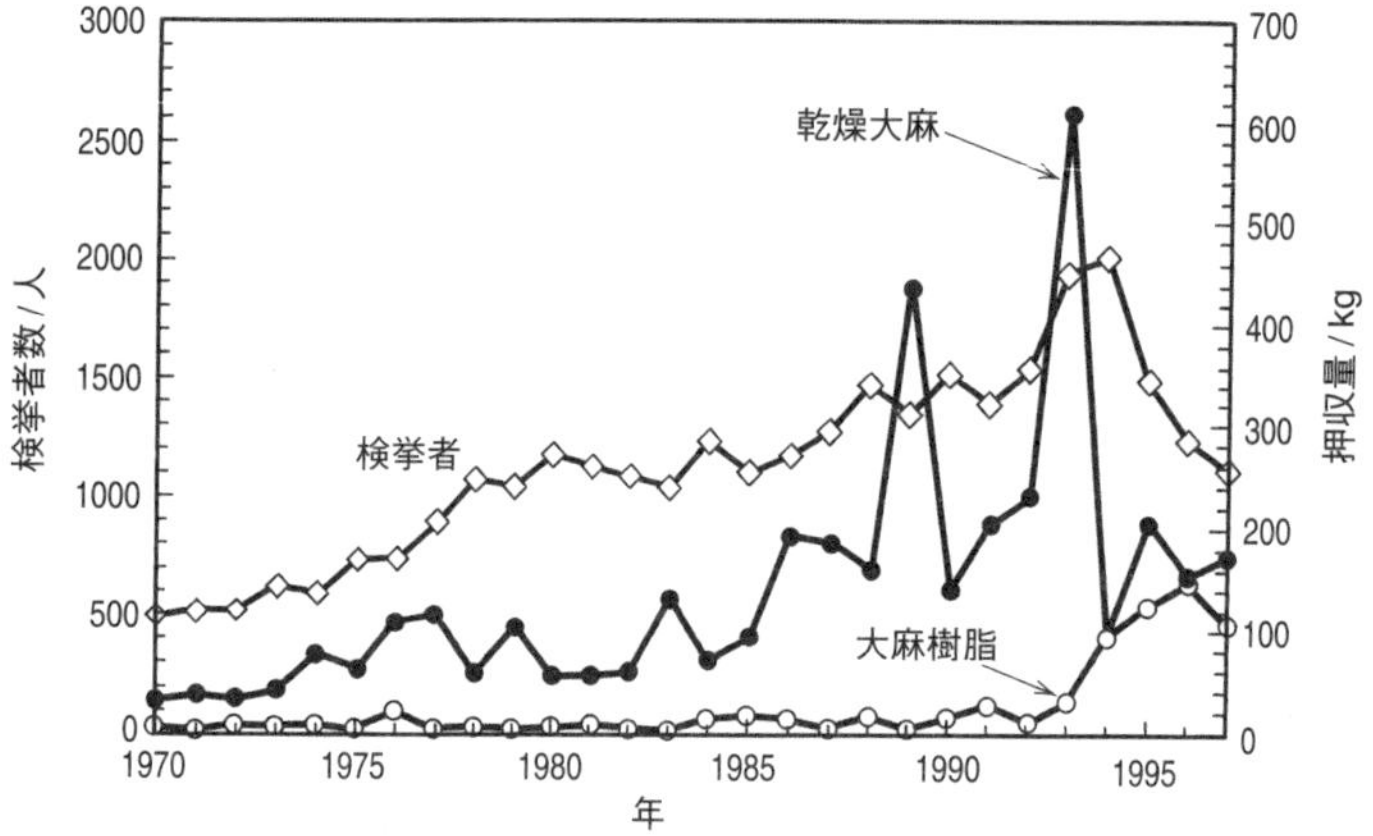

図6・3　日本における大麻取締法違反による検挙者数と押収量の推移

しているといいます。特に、若年層での乱用が著しく、一九九四年の調査で、高校生の約三八％が一度は大麻を使用したことがあり、約二〇％が月一回以上使用していると報告されています。

日本においては、ここ数年、大麻事犯検挙者の数は、減少傾向にあります（図6・3）が、大麻が覚せい剤に次ぐ乱用薬物であることに変わりはありません。また、大麻は、覚せい剤や麻薬に比較して、より若年層に乱用されている（図6・4）ことが、憂慮されています。さらに、最近は、ＴＨＣ含有量の高い大麻樹脂の押収量が増加しています（図6・3）。日本への密輸大麻の仕出国は、タイ、フィリピン、ネパール、パキスタンなどです。密輸のほか、河川敷で大量の大麻草を栽培していたなどの不正栽培事例や、野生の大麻草を採取、使用していた事例なども跡を絶ちません。

大麻の検査法

大麻に対する捜査現場でのスクリーニングテストとしては、デュケノア試薬による呈色反応が利用されています。試料に第一の試薬（二％バニリン‐エタノール溶液に四〇分の一容のアセトアルデヒドを加えたもの）を加えてよく振り混ぜ、この上澄み液に第二の試薬（塩酸）を加えると紫色を呈します。さらに第三の試薬（クロロホルム）を加えてもう一度よく振り混ぜると、液は二層に分離し、下層が紫紅色～青紫色を呈します。この反応は、大麻に特異的です。各試薬を小型のスクリュー管とアンプルに入れた携帯用検査キットが市販されています。

検査機関においては、植物学的な形態検査と、主成分であるＴＨＣ、カンナビジオール、カンナビノールを確認する化学的検査を行います。植物学的検査は、試料の葉片を水酸化ナトリウム溶液中で加熱・脱色したのち、顕微鏡下で、大麻草の葉に特有の剛毛、腺毛、鍾乳体を観察して行います。化学的検査は、試料にメタノールあるいはクロロホルムを加え

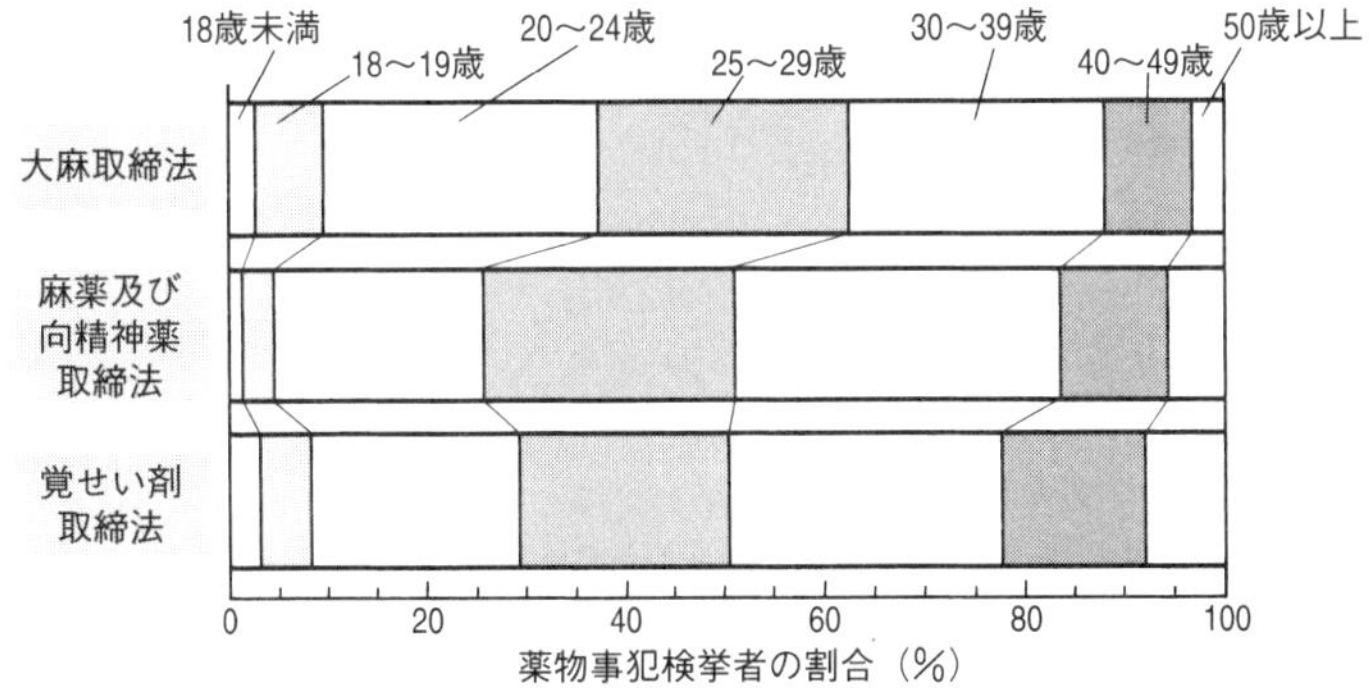

図６・４　日本における薬物事犯検挙者の年齢別構成（1997年）

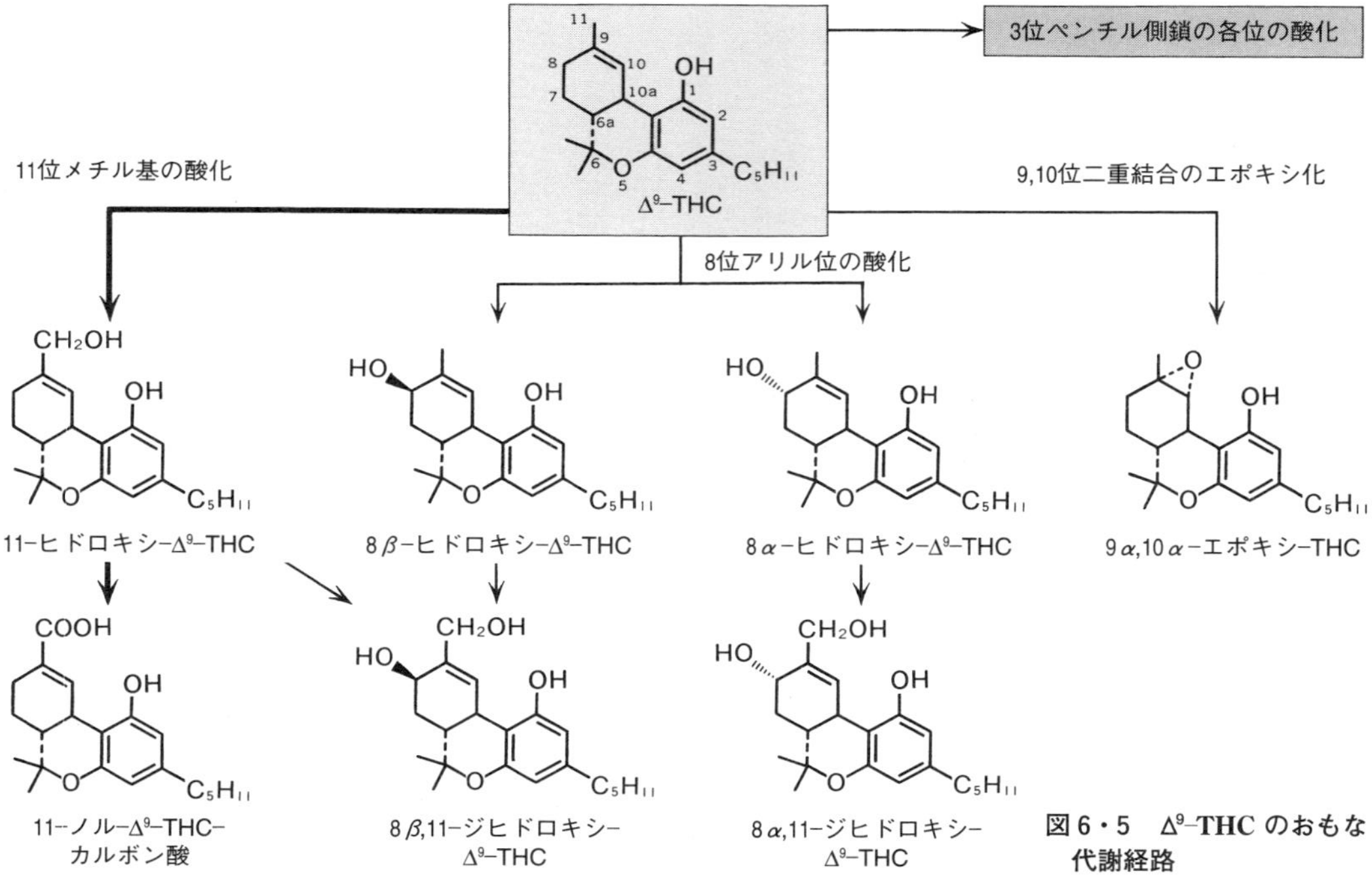

図 6・5　Δ^9–THC のおもな代謝経路

て振とうしてTHCなどのカンナビノイドを抽出し、呈色反応、薄層クロマトグラフィー、ガスクロマトグラフィー、ガスクロマトグラフィー／質量分析などによる検査、確認を行います。

吸煙などによって摂取されたTHCは、体内でほとんど完全に代謝を受けて数多くの代謝物に変換されて、尿、糞中へ排泄されます。未変化体としてはほとんど排泄されず、通常、尿からはTHC-COOH（一一-ノル-^{9}Δ-THC-カルボン酸）のみが検出されます（図6・5）。摂取後五日間で投与量の九〇%が排泄されますが、約六五%が糞中に排泄され、二五%が尿中へ排泄されます。尿中のTHC-COOH濃度は、摂取後五～一〇時間に最大となり（数十ナノグラム／ミリリットル）、三日後では数ナノグラム／ミリリットル以下のレベル（ナノは一〇の九乗分の一）です。

尿中のTHC-COOHは大部分がグルクロン酸と結合した抱合体になっていることから、水酸化ナトリウム溶液などを用いて加水分解を行ったのち、液-液抽出あるいは固相抽出で抽出を行います。得られた抽出物について、フェノール性化合物に選択的で高感度な電気化学検出器を用いた高速液体クロマトグラフィーを実施します。さらに、誘導体を作製したのちガスクロマトグラフィー／質量分析を行って、最終的な確認を行います。また、車や狭い室内で周りの人が大麻を吸煙していると、その煙を受動的に吸い込み、本人は喫煙していなくても尿中から微量のTHC-COOHが検出されることがあります。自分の意志で、故意に薬物を乱用したのでなければ、当然、罪には問われませんから、検出されたTHC-COOHが、能動喫煙によるものか、受動喫煙によるものかを明らかにしなければなりません。そこで、さらに、尿中のTHC-COOH濃度を測定し、尿検査によって検出されたＴＨＣ代謝物が能動喫煙によるのか、受動喫煙によるのかの判断の目安としています。

ゲートウェイ・ドラッグとしての大麻

大麻は世界各国で広く乱用されており、入手も比較的容易であることから、海外旅行先で、軽い気持ちで手を出す若者も多いようです。一方、大麻事犯で検挙された者に対するアンケート調査によると、約三七％もの者が、さらに他の薬物を乱用するようになっています。このように、手軽な大麻が、コカイン、ヘロイン、覚せい剤などのいわゆるハード・ドラッグへのゲートウェイ・ドラッグ（入門薬物）となることが懸念されています。

第七章　向精神薬（鎮静・催眠剤など）

向精神薬は、大部分が鎮静・催眠剤や精神安定剤などの医薬品として広く使用されているものですが、主として若者の間で、医療のためではなく陶酔感を得る目的で乱用されています。さらに、鎮静・催眠作用をもつ向精神薬が、凶悪な犯罪に悪用される（これらの薬物を服用させたあとに、殺人、強盗、強姦などの犯罪に及ぶ）例が増加していることも問題となっています。

向精神薬とは

向精神薬とは、広くは中枢神経系に作用して、精神機能に影響を与える薬物全般を指します。鎮静、催眠、精神安定、興奮、幻覚発現などの作用を及ぼす薬物は、すべて向精神薬に入ります。しかし、麻薬及び向精神薬取締法にいう向精神薬は、一九九〇年の中央薬事審議会答申によると、「中枢神経系に作用して精神機能に影響を及ぼす物質であって、乱用される恐れがあり、かつ、麻

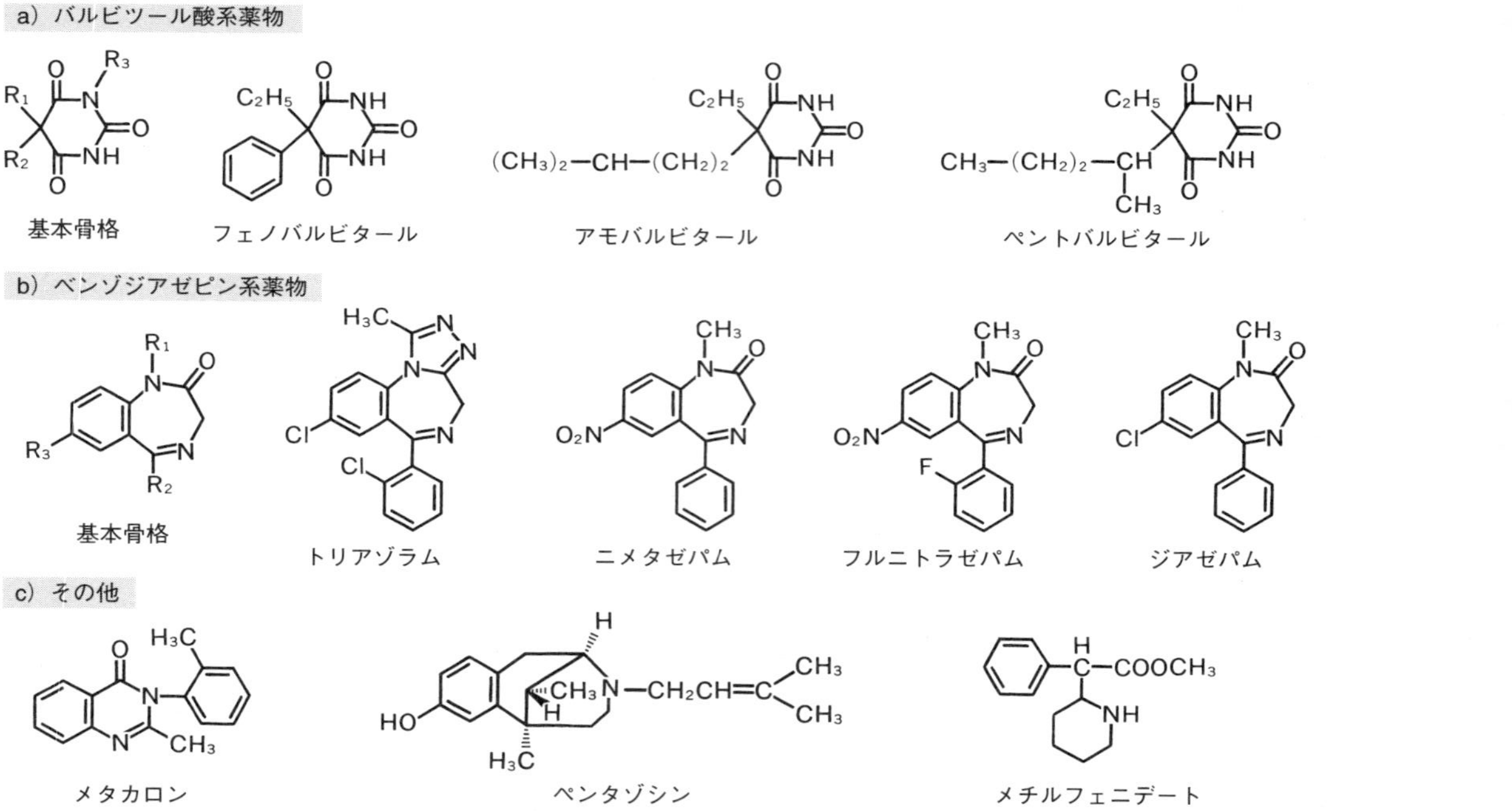
a）バルビツール酸系薬物
基本骨格
フェノバルビタール
アモバルビタール
ペントバルビタール
b）ベンゾジアゼピン系薬物
基本骨格
トリアゾラム
ニメタゼパム
フルニトラゼパム
ジアゼパム
c）その他
メタカロン
ペンタゾシン
メチルフェニデート

図7・1　おもな向精神薬

薬、覚せい剤、あへん及び大麻を除いたもの」としています。

従来、鎮静・催眠剤、精神安定剤、興奮剤などは、他の医薬品と同様、薬事法の規制対象とされていました。たとえば、鎮静・催眠剤、精神安定剤は、強いストレスからくる精神的に不安定な状態や、絶えず緊張し、不安感に悩まされている人に、緊張をゆるめ、気分をリラックスさせる働きがあり、ノイローゼや不眠にかかって病院を訪れる患者の治療に使用されています。そして、精神的に病む人が増加している現在では、これらの処方量は、ますます増加している現状です。しかし、これらの薬剤が不安感を取除き、気分をリラックスさせることから、治療目的ではなく、単に陶酔感を得る目的で使用される、すなわち乱用される例がみられるようになってきました。

向精神薬の乱用事犯が続発し、拡大の兆しがみられたことと、一九七一年に国際連合で採択されて日本も署名していた「向精神薬に関する条約」を批准するため、一九九〇年に「麻薬取締法」が「麻薬及び向精神薬取締法」に改正され、七三の物質（現在は七七の物質）が向精神薬に指定されて麻薬に準じて規制されるようになりました。これらの向精神薬は、医療上の有用性と乱用による危険性から第一種から第三種に分類され、輸出入の際の許可、届出などの規制が若干異なっています。向精神薬事犯で検挙された者は、ここ数年、年間六〇～八〇名程度です。乱用されるのは大部分が錠剤で、一九九五年には約五万九〇〇〇錠、一九九六年には約七万六〇〇〇錠、一九九七年には約二万一〇〇〇錠が押収されています。ここでは、日本で乱用事例のあったいくつかの向精神薬（図７・１）について述べます。

バルビツール酸系薬物

バルビツール酸系薬物は、図7・1に示すような基本骨格をもつ一連の薬物で、一八六〇年代、ドイツの化学者A・バイエルによって初めて合成されました。しかし、すぐには医薬品として使用されず、一九〇三年に初めて、バルビタールがベロナールという商品名で市販されました。続いて、フェノバルビタール（一九一二年）、アモバルビタール（一九二三年、商品名アミタール）、ペントバルビタール（一九三〇年、商品名ネンブタール）、セコバルビタール（一九三〇年、商品名セコナール）などがつぎつぎと市販されるようになりました。バルビツール酸自体は、鎮静・催眠作用をもっていませんが、その構造をわずかに変えるだけで多くの向精神作用をもつ誘導体がつくられています。一九〇三年以来、二五〇〇種類以上のバルビツール酸系化合物が合成されましたが、そのうちの五〇種類程度が医薬品として使用されています。バルビツール酸系薬物は、それまで鎮静・催眠剤として使用されてきたエチルアルコール、パラアルデヒドや抱水クロラールに比べて、飛躍的に作用が高まっただけでなく、安全性も高かったので、一九六〇年代、ベンゾジアゼピン系薬物が使用されるようになるまで、非常に広く使用されました。

バルビツール酸系薬物は、置換基の相違によって催眠作用の強度に差がみられます。作用発現開始時間と作用持続時間から、長時間型（一時間で発現し六時間以上継続、フェノバルビタール、バルビタールなど）、中間型（三〇分前後で発現し三〜六時間継続、アモバルビタール、セコバルビタールなど）、短時間型（一五分前後で発現し三時間以下継続、ペントバルビタールなど）と、主として静脈麻酔剤として用いられている超短時間型（数秒で発現し数分間継続、チオペンタールなど）に分類されます。医薬品としては、鎮静、催眠誘導、麻酔そしてある種の癲癇（てんかん）発作の管理に使用されます。かっては非常に安全な薬物と考えられていましたが、現在は、呼吸中枢の抑制、精神および身体的依存性や耐性の速やかな形成、急激な退薬の際に生命を脅かすような症状を起こす場合のあることが指摘されています。

鎮静・催眠剤の乱用は、病気の治療に処方されて使用しているうちに乱用に陥る場合もありますが、大部分は最初から娯楽目的で、リラックス感、陶酔感、多幸感を得るために乱用されます。バルビツール酸系薬物では、効果発現までの時間、作用持続時間の長さ、得られる多幸感の好ましさから、中間および短時間型の薬物が好まれて乱用されています。乱用者の見かけの症状は、アルコールのにおいがしないだけで、アルコール摂取者と非常に類似しています。緩慢で眠そうな様子や不安定な足取り、さらには、いらいら感、短気、見当識障害、早口などがみられます。大量に摂取した場合は、混乱、けいれん、せん妄（軽い意識混濁、幻覚、妄想を起こし、うわごとをいったりする）、さらには嗜眠・昏迷から昏睡に陥り、重篤な呼吸器障害や麻痺を起こし死に至ります。慢性中毒者では、ふるえ、言語障害、運動失調、錯乱、記憶障害などを引起こし、ときには錯覚・幻覚の現れることもあるといわれています。

向精神薬乱用者の特徴として、目の不随意運動の眼振がみられ、この眼振の有無が、乱用者か否かの簡便な診断法（鉛筆や人差し指などを目の前で三〇センチメートルほど水平および垂直方向に動かす。その動きを、頭を動かさずに目で追うように指示すると、眼振がある場合、ある点で円滑に動きを追うことができなくなり、勝手に水平あるいは鉛直に振動するようになる）として利用できるといわれています。鎮静・催眠剤（バルビツール酸系薬物、メタカロン、アルコール、抱水クロラール）は水平方向の眼振、ＰＣＰは水平、鉛直方向と円運動の眼振を起こすといわれています。急性中毒のある段階では、それぞれの目がばらばらに異なる方向に動く場合もあります。また、あへんアルカロイド系麻薬の鎮静剤や中枢神経興奮剤は眼振を起こしません。

鎮静・催眠剤は、常用していたあと、急激にその使用を中止すると、非常に危険で、大発作を起こし、昏睡から死に至る場合があります。また、二種類以上の鎮静・催眠剤を併用すると、効果が相加的に増強されることが知られています。アルコールとの併用は、相乗的に効果を増強し、重篤な呼吸抑制による死の危険性が非常に高くなります。

二〇〇〇年に、某大学病院の医師が薬物中毒で三名も数年のうちに続けて死亡していたことが発覚した事件がありましたが、その体内から、バルビツール酸系薬物やベンゾジアゼピン系薬物を含む複数の薬物が検出されており、これらの薬物を乱用していた可能性が指摘されています。また、バルビツール酸系薬物が悪用された事例として、オウム真理教がさまざまの目的で使用していた例があります。山梨県上九一色村の教団施設内で、サリンやＶＸといった毒ガスのほか、さまざまの薬物を製造していましたが、そのなかにはバルビツール酸系薬物もありました。強制捜査で施設内に入った際に、意識もうろう状態で発見・保護された信者たちからは、ペントバルビタールを含む複数の薬物が検出されました。さらに、自殺の手段として、バルビツール酸系薬物が用いられることもたびたびあります。自殺か他殺かはいまだに謎に包まれたままですが、米国の女優マリリン・モンローの死因は、多量の催眠剤摂取による急性中毒死で、通常の十倍量のペントバルビタールと三〇倍量の抱水クロラールを服用したためといわれています。

ベンゾジアゼピン系薬物

ベンゾジアゼピン系薬物（図７・１）は、世界中で現在最も繁用されている薬物群の一つです。抗不安剤、精神安定剤として用いられるものと、鎮静・催眠剤として用いられるものがあり、〇・一ミリグラム程度の微量で作用を発現するものから三〇ミリグラム程度を要するものまであります。

このグループの薬物で最初に開発されたのは、クロルジアゼポキシドで、一九四七年のことでしたが、市販されたのは一九六〇年（商品名リブリウム、コントール、バランスなど）のことです。その後、同じ骨格をもつジアゼパム（商品名セルシン、ホリゾンなど）、オキサゼパム（商品名ハイロング、プリミズムなど）などがつぎつぎと開発、市販されています。不安軽減や催眠作用の点ではバルビツール酸系薬物と同様の効果があり、バルビツール酸系薬物に比べて、より大きな安全域をもち、副作用がより少なく穏やかなため、バルビツール酸系薬物に代わって、現在、非常に多く処方されています。

ベンゾジアゼピン系薬物は安全域の広い薬物で、単独使用での死亡例はまれです。しかし、バルビツール酸系薬物のところでも述べましたように、アルコールや他の中枢神経抑制剤との併用によってその抑制作用が増強されるため、そのような使用は非常に危険です。また、多量を摂取した場合、運動失調、言語障害、錯乱、記憶障害などを引起こします。

ベンゾジアゼピン系薬物は、神経細胞膜に存在するベンゾジアゼピン受容体に結合して作用を発現します。アルコール、バルビツール酸系薬物、メプロバメートなどの鎮静薬とけいれん薬の両方が結合する部位（鎮痛薬-けいれん薬受容体）や、γ（ガンマ）-アミノ酪酸（ＧＡＢＡ（ギャバ））と呼ばれる抑制性神経伝達物質が結合する部位（ＧＡＢＡ受容体）も、ベンゾジアゼピン受容体と同一のタンパク質上にあり、これらの薬物の作用が似ていることや相互にその作用に影響し合うことが理解されます。

各部位にそれぞれの物質が結合すると、塩化物イオンのチャンネルが拡大され、塩化物イオンが神経細胞の外側から内側に向かって移動しやすくなります。このため細胞内の電位はよりマイナスになって細胞の興奮性が低下し、抑制作用を示すと考えられています。

陶酔感、多幸感を求めて乱用されるほか、前述したように昏睡強盗あるいは強姦、殺人などに悪用される事例も多くあります。これまでにトリアゾラム（商品名ハルシオンなど、錠剤が淡紫色あるいは淡青色であることから青玉とも呼ばれます）、ニメタゼパム（商品名エリミンなど、淡橙色錠剤であることから赤玉とも呼ばれています）、フルニトラゼパム（商品名、ロヒプノール、サイレースなど）、ジアゼパム、ニトラゼパム（商品名ネルボン、ベンザリン、カルスミンなど）など多くのベンゾジアゼピン系薬物の大量密輸、不正取引、医療関係者の横流し、病院、薬局からの窃盗などが摘発されています。

一〇年ほど前、某有名大学病院の若い医師が、大量のトリアゾラムを横流ししていた事件は、新聞でも大きく取上げられました。その他、たとえば、医薬品卸売業者が医師ら一〇人と組んでトリアゾラムを横流しし、密売していた事件や、覚せい剤取締法違反で逮捕した女性被疑者がトリアゾラムを所持していたので、その入手先を追求したところ、薬店経営者、医薬品卸会社営業マンが大量に不正横流しをしていたことが明らかになった事件など多々あります。夜間無人の診療所に侵入し、ベンゾジアゼピン系薬物約一五〇錠を窃盗して検挙された男が、同じように向精神薬窃盗を目的とした病院荒らしを三八件も自供したという例もあります。

最近は大量密輸事件が増加しており、衣類として送られた国際郵便物のなかに一六〇〇錠の向精神薬を隠匿して密輸入した事例や、機内持込みのリュックサックとショルダーバックに、二〇〇〇錠近い向精神薬錠剤とカプセルを分散隠匿して入国しようとした事例、肖像画の額縁内に三七〇〇錠以上の錠剤を巧みに隠して携帯し、密輸入した事例などが摘発されています。

合法的に製造された錠剤は、その大きさ（直径、厚み）、形状（円形、楕円形、糖衣錠、裸錠など）、さらには刻印されたマークや記号、数字から、製造会社、商品名、成分などを知ることができ、鑑定にも利用されています。しかし、大量密輸事件で押収された錠剤（大部分はタイからの密輸）には、形状、刻印から予想される成分とは異なるものがかなりあり、密造されたものが流通しているとことがうかがわれます。また、複数の成分を含有し、類似した形状でも含有成分の組合わせが異なるものや、容疑者が自供している成分と異なる成分を含有しているものなどもあります。このような錠剤が何千錠も押収された事件では、検査しなければならない錠剤の数が非常に多くなり、莫大な労力が要求されることとなります。

薬物乱用からは少し離れますが、鎮静・催眠剤を悪用した事件も増加しています。東京出張の夜、飲み屋で知合った女性を投宿していたホテルへ伴い、部屋で再び一緒にビールを飲むうちに眠くなり、目が覚めたら、所持金がそっくりなくなっていたというような昏睡強盗事件や、携帯電話やインターネットの出会い系サイトなどで知合った女性に薬物を使用して乱暴に及んだ事件、さらにはその後で殺害してしまったという事件なども起こっています。

その他の向精神薬（メタカロン、ペンタゾシン、メチルフェニデート）

メタカロン

一九六〇年代はじめ、青少年の間でいわゆる「睡眠薬遊び」が流行したことは前に触れましたが、その際、主として用いられたものが「ハイミナール」の商品名で知られたメタカロンです。

メタカロンは、一九五〇年代に、最初インドで抗マラリア剤として製造された薬物です。効果的な鎮静作用ももつことが見いだされ、一九五〇年代末、マンデラックス（メタカロンと抗ヒスタミン剤の混合製剤）という商品名で、英国で市販されました。その後まもなく、ドイツ（商品名ノルモレスト）と日本（商品名ハイミナール）に導入され、一九六四年までに、両国でその乱用が大きな問題となりました。

メタカロンの向精神作用は、他の鎮静・催眠剤と大きくは異なっておらず、快感、陶酔感が得られ、時には、人と親密に接触したいという感情が生じ、性欲が昂進するといわれています。世界各国で乱用事例がみられています。日本ではすでに医薬品としては使用されていませんが、依然として乱用事例が見受けられます。

ペンタゾシン　ペンタゾシン（商品名ソセゴン、ペンタゾン、ペンタジンなど）は、モルヒネのような依存性をもたない鎮痛剤として開発されましたが、現在では、長期連用で依存性が生じる場合のあることが知られています。鎮痛には一五～三〇ミリグラム、麻酔前投薬および麻酔補助には三〇～六〇ミリグラムを筋肉内、皮下または静脈内に注射して使用します。副作用として、発汗、めまい、幻覚、もうろう状態、不眠、悪心、嘔吐、食欲不振などが現れる場合があり、時には、軽度の呼吸抑制がみられたり、ショック症状が生じることもあります。モルヒネと類似した浮遊感を伴う陶酔感、多幸感が得られるといわれており、特に、医療関係者の間での乱用が報告されています。また、胆のう炎で入院した会社員が、治療完了後も病気を装って向精神薬の投薬を受け、薬物依存症となり、通院していた二カ所の病院に侵入して、ペンタゾシンのアンプル二一本を盗み出した事件などもあります。

メチルフェニデート　メチルフェニデート（商品名リタリン）は、覚せい剤と類似した化学構造をもち、同様の中枢神経興奮作用を発現します。しかし、その程度は覚せい剤より弱いといわれています。軽症のうつ病や抑うつ性神経症、ナルコレプシー（睡眠発作病）の治療薬として使用され、通常一回に五～一〇ミリグラム、一日に二〇～三〇ミリグラムを服用します。その中枢神経興奮作用から、覚せい剤と同様に乱用されており（メチルフェニデート乱用者を「リタラー」と呼ぶことがあります）、「合法覚せい剤」とか「ビタミンR」とか呼ばれることもあります。依存性が生じ、乱用を繰返すと耐性を形成し、そのような乱用者では、一回に数百ミリグラムを用いる例もあります。中毒症状として、覚せい剤と同様の幻覚妄想を生じることも報告されています。

乱用者の中には、直接メチルフェニデートを指定して処方を希望したり、ナルコレプシー様の症状を訴えて、メチルフェニデートを処方してもらおうとしたりすることがあるといわれています。また、ある病院の院長が、首都圏の暴力団員、ホステス、モデルなどに不正に販売し、逮捕された事件などもあります。

望まれる副作用の少ない薬剤

精神のバランスを失った人たちが増加している現代社会では、抗不安剤や鎮静剤が治療薬として数多く処方されています。これらの薬物は、このような人たちには不可欠ですが、依存を形成し乱用される恐れもあります。医師の指示のもとに使用することはもちろんですが、より副作用の少ない薬物の開発が常に望まれています。

第八章　シンナー

いわゆる「シンナー遊び」が日本において異常な広がりをみせるようになったのは、一九六〇年代なかばからで、長い間、検挙・補導される者が年間二万人を越えていました（図8・1）。シンナー乱用者の大部分は未成年者です。ここ一〇年あまりは、年々減少傾向にあるものの、シンナーが未成年者の間で最も乱用されている物質であることに変わりはなく、依然として、その乱用は大きな社会問題の一つとなっています。また、シンナー中毒による事件や事故もあとを絶ちません。一九九三年の大晦日、女子中学生五人が、シンナーを吸っていて、死のうという話になり、マンション八階の踊り場から飛び降り、三人が即死、二人が腰の骨を折るなどの重傷を負った事件などは、大きく報道されたのでご記憶の方も多いと思います。

シンナーとは

シンナーは、日本語で「希釈剤」の意味で、ラッカーなどの塗料を溶かしたり、薄めたりするものの総称です。単一な化学薬品ではなく、溶解・希釈しようとする目的物によって各種の有機溶剤（揮発性が高く、脂溶性物質をよく溶かす性質をもつ液体）を種々の配合で混合したものです（図8・2）。その種類は多く、工業用、家庭用など数百種にも及んでいます。

シンナーと同様に接着剤もよく乱用されています。接着剤は、天然物を主成分とするものと合成品とがあります。後者では、合成樹脂や可塑剤などの配合剤を有機溶剤に溶かして接着性能を高めています。有機溶剤を揮発させ、樹脂同士がくっつくことで接着します。接着剤のなかには、塗ってから数分後に貼り合わせるタイプのものがありますが、これは、有機溶剤をあ

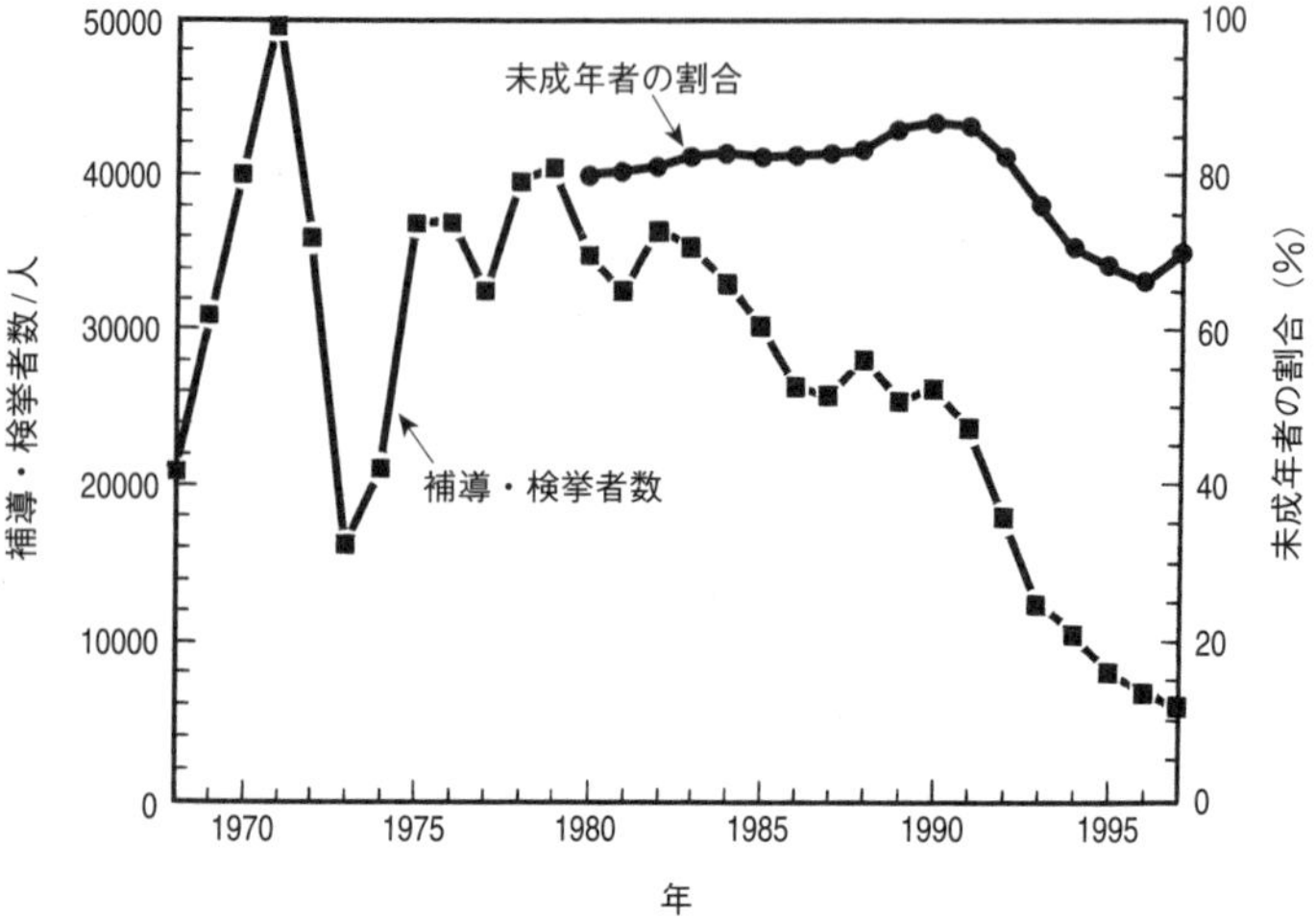

図8・1　有機溶剤事犯補導・検挙者数の推移

る程度揮発させてから接着していることになります。この有機溶剤をシンナー同様に吸入して乱用するわけです。

有機溶剤の乱用

気分を変え、陶酔感を得るために、揮発性物質を吸入・乱用することは、それほど新しいことではありません。一七七二年に発見された酸化窒素（笑気）が近代の吸入剤の最初ですが、当初、医学生の間で娯楽的な目的で乱用されました。また、十九世紀後半、麻酔薬として使用されたクロロホルムやエーテルも、やはり娯楽目的で、一部の人々によって乱用されました。

一九六〇年代に入り、石油化学

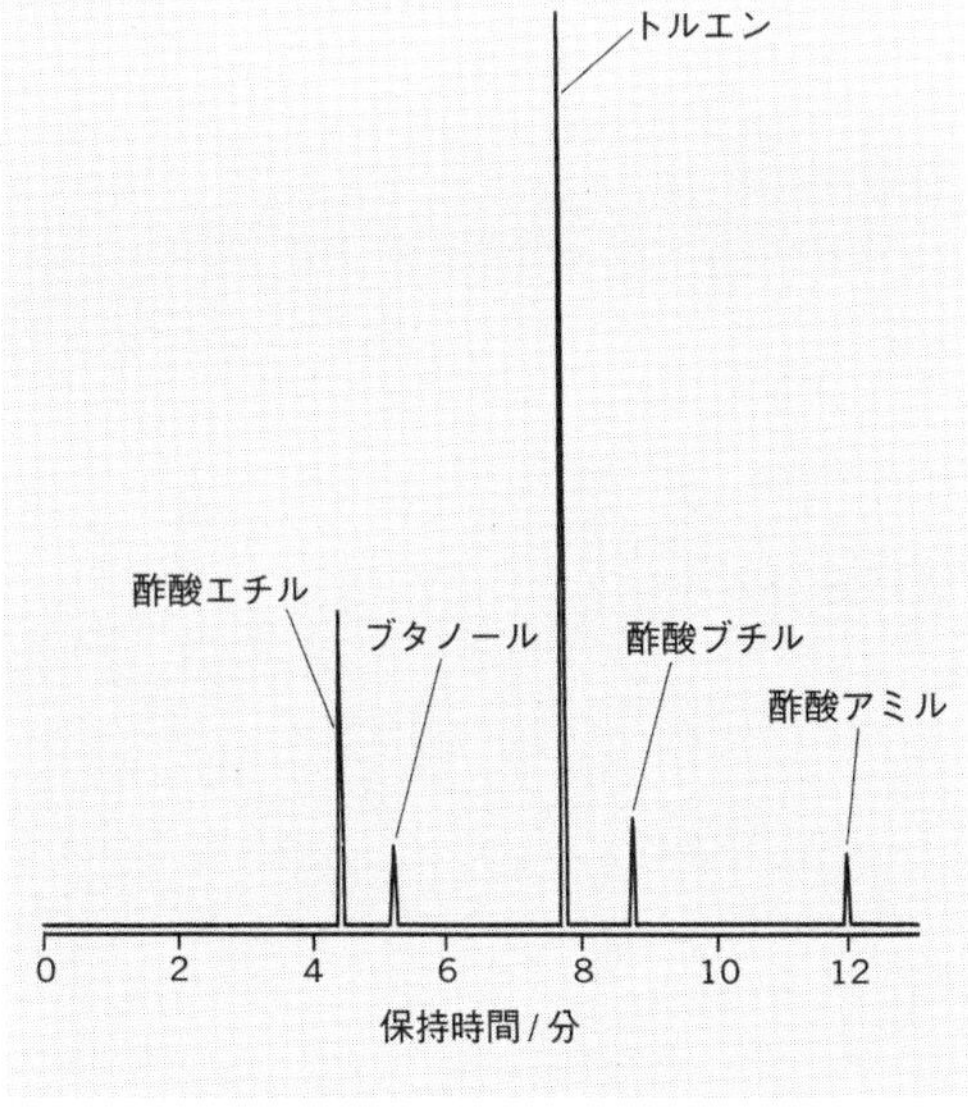

図8・2 シンナーのガスクロマトグラム シンナーが複数の成分からなることがわかる

表8・1　乱用される有機溶剤類やガス類

1) 芳香族炭化水素：ベンゼン，トルエン，キシレンなど
2) 脂肪族炭化水素：ヘキサン，ナフサなど
3) アルコール類：メタノール，エタノール，イソプロパノール，ブタノールなど
4) エステル類：酢酸エチル，酢酸ブチル，酢酸アミルなど
5) ケトン類：アセトン，シクロヘキサノン，メチルエチルケトン，メチルイソブチルケトンなど
6) ハロゲン化炭化水素：三塩化エチレン，1,1,1-トリクロロエタン，四塩化炭素，二塩化エチレン，塩化メチレン，クロロホルム，ハロタン，フロン(トリクロロフルオロメタン，ジクロロジフルオロメタン，ジクロロテトラフルオロエタン，ジクロロテトラフルオロメタン)など
7) グリコール類：酢酸メチルセルロース，エチレングリコール
8) 脂肪族亜硝酸塩：亜硝酸アミル，亜硝酸イソブチル
9) ガス類：笑気，ブタン

の発展に伴い、莫大な量の有機溶剤が供給され、工業用から日用品に至るまで広く用いられるようになりました。安価で入手しやすいことから、十代の若者の間にそれを吸入することが流行し、諸外国で問題になってきました。「グリュー・スニッフィング」と呼ばれる模型飛行機作製用の接着剤の吸入のほか、ライター燃料、除光液、塗料、シンナー、亜硝酸アミル（血管拡張剤）、三塩化エチレン、スプレー缶などで用いられるフロンガス（クロロフルオロカーボン）などの吸入乱用が報告されています（表8・1）。なお、シンナー・接着剤などには、表8・1に示した溶剤類のうち1～5のものが用いられています。

日本における有機溶剤乱用もかなり以前から一部の非行少年の間で散発的に行われていましたが、乱用が集団的となり、注目を引くようになったのは、一九六三年ごろです。その後、全国的に

波及し、一九六八年には、有機溶剤乱用で補導された少年は、全国で二万八一二人に達し、一一〇名もの乱用事故による死亡者がでました。

初期にはほとんどの場合シンナーが乱用されましたが、つぎには接着剤も用いられるようになりました。しかし、これらの乱用を規制する法律がなかったことから、一九七二年、毒物及び劇物取締法の一部が改正され、第三条の三に「興奮、幻覚又は麻酔の作用を有する毒物又は劇物（これらを含有する物を含む。）であって政令で定めるものは、みだりに摂取し、若しくは吸入し、又はこれらの目的で所持してはならない」との規定が設けられました。当初、政令で定める乱用規制の対象物は、「酢酸エチル、トルエン又はメタノールを含有するシンナー（塗料の粘度を減少させるために使用される有機溶剤をいう。）及び接着剤とする」（毒物及び劇物取締法施行令第三二条の二）と定められました。その後、トルエン単独やワニスなどの乱用事例が増加したことから、一九七五年、「トルエン」および「酢酸エチル、トルエン又はメタノールを含有する塗料」が追加指定され、さらに、一九八二年には「酢酸エチル、トルエン又はメタノールを含有する閉そく用又はシーリング用の充てん料」が規制対象に追加されました。

覚せい剤取締法あるいは大麻取締法違反で検挙された者を対象とした調査で、「これまでに使用したことのある薬物は？」あるいは「最初に使用した薬物は？」という問いに対して、いずれも約三五％の者がシンナーを挙げており、シンナーもゲートウェイ・ドラッグ（入門薬物）の一つと考えられています。

有機溶剤の薬理作用と中毒症状

シンナーや接着剤は、ハンカチなどに染み込ませて口や鼻を覆って蒸気を吸入したり、少量をプラスチックの袋に入れて袋内の蒸気を吸入して乱用されます。吸入された溶剤は肺から効率よく吸収されます。脂溶性であるため、容易に脳-血液関門を通過し、ほぼ瞬時にその効果を発現します。人体に及ぼす影響は、有機溶剤の種類、吸入量、吸入時間によって異なりますが、規制対象になっているトルエン、酢酸エチル、メタノールの一般的な中毒症状や作用としては、つぎのようなことが知られています。

・トルエン――粘膜刺激、めまい、貧血、麻酔作用
・酢酸エチル――皮膚の刺激、弱い麻酔作用
・メタノール――視神経障害、失明、めまい、嘔吐、けいれん

シンナーや接着剤にはいろいろな有機溶剤が含まれているため、吸入すると、製品中に含有される複数の溶剤の相加効果あるいは相乗効果が現れます。一般には中枢神経系に対して比較的強い抑制作用を発揮し、麻酔作用をもたらします。その麻酔作用のため、酒に酔ったような気分から眠気を催し、意識不明に陥ることがあります。また、身体症状としては、頭痛、めまい、耳鳴り、全身のこわばり、顔面の紅潮あるいは蒼白、悪心、嘔吐、さらにはけいれんなどが現れます。

シンナー吸入時の死亡例も多くあります。その多くはプラスチック袋をかぶって吸入中に、中枢神経抑制状態が進行し、袋を取払う力がでなくなり、窒息状態で死亡したものです。そのほかにプ

ラスチック袋をかぶっていなかったのに死亡した例もみられます。これは、シンナー自体の毒性による死（突発吸引死症候群）と考えられています。その中毒症状のおもなものは、一般の麻酔剤を用いたときにみられる副作用と同様、急性循環不全や過度の深麻酔による呼吸中枢の抑制から呼吸停止をきたしたものと考えられています。

シンナーを吸入した初期の恍惚・酩酊状態を再度体験したいために吸入を反復するようになり（精神的依存性が非常に強い）、徐々に慢性中毒に陥ります。頭痛、不眠、めまい、下肢の倦怠感、のどの痛み、食欲不振を感じ、何もする気がなくなり、思考力、記憶力が減退します。さらに、情緒不安定になり、幻視・幻覚を伴った精神障害に陥ります。重症になると、けいれんや癲癇（てんかん）様発作をしばしば起こすようになります。シンナーは、油類を溶かす性質がありますので、神経の周りの保護脂質層を溶かし、不可逆性の神経障害を引起こすといわれ、脳の萎縮がみられます。また、造血器障害、肝臓や腎臓の障害、脳波異常がみられ、さらに、四肢のしびれ感、下肢脱力、歩行困難、顕著な四肢の筋萎縮が起こります。シンナーを乱用している妊婦では、胎児の出生障害を起こすリスクが高くなるといわれています。

有機溶剤の検査法

捜査現場では、トルエン検知管やシンナー検知管、あるいは分離定性用トルエン検知管を用いたスクリーニング検査を行う場合があります。検知管は、内径三ミリメートル、長さ十五センチメー

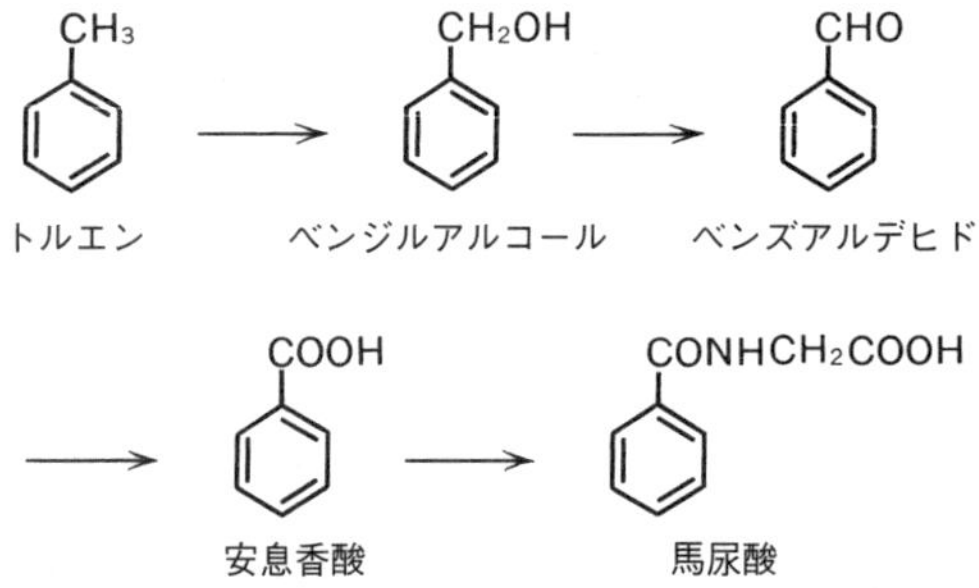

図8・3　トルエンの代謝

トルくらいの大きさのガラス管に、検査薬を付けたシリカゲルを詰めたもので、ここに検査する気体を通すと、その成分により検査薬との反応が起きて色が変わります。

トルエン検知管は、マルキス試薬（濃硫酸に少量のホルマリンを加えたもの）を吸着させたシリカゲルを充てんしたものです。試料蒸気を検知管に通すと、トルエンを含有する場合、白色の検知剤がただちに茶褐色を呈します。これは、芳香族炭化水素に対する脱水縮合反応を利用したもので、ベンゼンやキシレンにも反応します。シンナー検知管は、硫酸酸性の二クロム酸カリウムを吸着させたシリカゲルを充てんしたものです。試料蒸気を通すと、シンナーの場合、黄色の検知剤が青色を呈します。これは酸化反応によるもので、メタノール、酢酸エチルなど多くの有機溶剤に反応します。また、分離定性用トルエン検知管は、トルエン検出の特異性を高めるために考案されたものです。検知層（五酸化ヨウ素と硫酸を吸着したシリカゲル）の前にガスクロマトグラフィーの分離用液相にも用いられているリン酸トリクレシルでセライト（けいそう土を精製したもの）の表面を覆ったものを分離層として置き、トルエンのみを検知層に導入するようにしています。判定は、ヨウ素が遊離して茶褐色を呈することを観察して行います。さらに、簡易型のガスクロマトグラフ装置を応用した現場用シンナーアナライザー（分析器）も開発されています。

検査機関では、もっぱら、ガスクロマトグラフィーを用いた検査が行われています。性質の異なる二種類のカラムを用いて分析を行い、標品の保持時間と比較して同定します。試料が瓶に残ったシンナーなどの液体の場合はそのまま注入するか、容器内の蒸気を注入します。シンナーを染み込ませたハンカチや固形の接着剤など、試料が固体の場合は、試料を容器に入れて密栓、場合に応じて五〇〜六〇度に加温した後、容器の気相をガスクロマトグラフィー用試料とします。また、必要があればガスクロマトグラフィー／質量分析を行って確認します。

トルエンを吸入すると、その約二〇％は呼気中へ排泄されますが、残りは酸化を受けて安息香酸となり、さらにその約八〇％がグリシンと抱合体を形成して馬尿酸として尿中に排泄されます（図8・3）。馬尿酸は、尿の中に通常排泄されている成分（〇・〇五〜一ミリグラム／ミリリットル）で、トルエン使用の証明は、尿中の馬尿酸を定量し、正常値と比較（乱用者では数ミリグラム／ミリリットル以上）して判定します。また、尿から未変化体のトルエンが検出される（数マイクログラム／ミリリットル以下）場合もあります。馬尿酸は、酸性下、酢酸エチルなどを用いて抽出し、高速液体クロマトグラフィーなどで分析します。尿中トルエンの分析は、尿を密封容器に入れ、その気相をガスクロマトグラフィーあるいはガスクロマトグラフィー／質量分析で分析します。

その他の乱用吸入剤（ブタンガス、亜硝酸エステル）

化学物質としては、シンナーのような有機溶剤の仲間ではありませんが、最近特に若者の間で、同じように吸入して乱用されているものに、ガスライターに使用されているブタンガスがあります。また、いわゆる合法ドラッグの一つとして、亜硝酸イソブチルなどの亜硝酸エステル類の吸入による乱用もみられます。

これらは、吸入による乱用という点でシンナーと同様です。プラスチック袋をかぶって吸入中に窒息死する危険性も同様にありますので、ここで簡単に紹介したいと思います。

ブタンガス　ライター用に使用されているガスは、液化石油ガス（ＬＰＧ）の一種です。ＬＰＧは、おもに天然ガスから分離されるものと、石油の精製工場や石油化学工場で製造されるものがあり、メタン、エタン、プロパン、ブタン、プロピレンなどの混合物です。工業用、内燃機関用、家庭用、スプレー用などに使用されていますが、用途によって、成分比が異なります。家庭用で使用されているＬＰＧは、一般的にプロパンガスと呼ばれていますが、プロパンが多く含まれているからです。ライター用に使用されているＬＰＧの成分は、約九〇％がブタンです。ＬＰＧは、常温常圧では気体ですが、加圧または冷却すると液化します。気体に比べると体積は約二五〇分の一になりますので、液体の状態で容器に詰められています。

プロパンやブタンは麻酔作用を持ち、シンナーと同様に、その作用が陶酔感をもたらすと考えられます。高濃度の場合には、低酸素状態となり、非常に危険となります。中毒症状としては、シンナーと同様に、頭痛、めまい、悪心、嘔吐、さらには心室性不整脈、脈拍数の減少、視力障害、運動麻痺、意識障害、けいれん、そして呼吸抑制などが報告されています。

ライター用ガスは、何ら法的規制もなく、誰でも簡単に購入できますので、その乱用の実態を明らかにすることはなかなか難しいことです。しかし、二〇〇〇年十一月、全国の児童自立支援施設（旧教護院）に入所中の非行少年を対象にガス吸入乱用に関するアンケート調査が実施されており、乱用の一端をうかがうことができます。有効調査人数は男性八八五人（平均年齢一四・一歳）、女性四四二人（平均年齢一四・六歳）です。その調査によると、男性入所者のうち、ガス吸入者が一八％、シンナー乱用者が二六％、大麻、覚せい剤使用者がそれぞれ五％、女性では、ガス三三％、シンナー五二％、大麻、覚せい剤がそれぞれ一五％で、シンナー乱用に次いでガス吸入乱用が若年層に広まっていると考えられます。そして、ガス吸入者のうち、シンナー、大麻あるいは覚せい剤いずれかの乱用もあった者が、男性で七〇％、女性で八七％もいました。さらに、覚せい剤を乱用している者を、ガス吸入者、シンナー乱用者、両方を乱用している者、どちらも乱用していない者に分類すると、男性では、それぞれ四％、一〇％、二六％、〇・六％で、女性では、九％、二五％、三五％、一％でした。シンナーと同様、ブタンガスも、手軽なゲートウェイ・ドラッグとなっていると思われます。

現在、ガス類の吸入に関して、あまり注目されていないきらいがありますが、乱用による危険性や他の薬物乱用への移行も懸念されますので、今後、乱用防止の対策を講じる必要があると思われます。

亜硝酸エステル　亜硝酸アミル、亜硝酸ブチル、亜硝酸イソブチルなどの亜硝酸エステル類は、爆薬、香料、医薬品の原料や化学合成の中間体として広い分野で使用されている物質です。また、これらには、血管拡張作用があり、狭心症の治療薬として使用されています。

外国で芳香剤として市販されている亜硝酸イソブチルなどを含む製剤（ラッシュ、クイックシルバー、ハードウエアなど）が、その血管拡張作用から、一部の人々の中で、催淫剤として乱用されています。日本でも、これらを国内に持込み、アダルトショップで販売している事例がしばしばみられます。大量吸入でチアノーゼ（血液中の酸素不足によって起こる種々の症状）を起こして生命が危険に曝された事件も報告されています。

亜硝酸エステルは、他の吸入剤のように中枢神経を抑制することはありません。これを使用すると、脳および冠状血管の拡張を生じ、「ラッシュ」といわれている穏和な多幸感といくぶんの時間感覚のゆがみを起こします。そのほかに、平滑筋と直腸括約筋の弛緩や心拍数の増加が現れます。また、中には、性的感情の高まりを経験することもあります。この作用に対する期待もあって乱用されています。使用量にもよりますが、一五分くらいは作用が継続する場合があるといわれています。中毒症状としては、めまい、頭痛、意識障害、低血圧、脈拍数の増加などが報告されています。最も重篤な障害は、亜硝酸エステルの強い酸化作用によるもので、ヘモグロビンのヘム鉄が酸化されてメトヘモグロビンを生じることです。メトヘモグロビンは酸素と結合できませんので、血中メトヘモグロビン濃度によって、チアノーゼから頻呼吸、呼吸困難、さらには呼吸抑制を起こし、それ以上になると死に至ることとなります。頻繁に使用すると、赤血球へモグロビンへの作用で酸素運搬障害を起こし、また、リンパ球にも影響して免疫機能を障害することが知られています。

その他の合法ドラッグ

亜硝酸エステル類以外にも、精神状態に作用するが、法律では規制されていない、いわゆる「合法ドラッグ」と呼ばれるいろいろな物質の乱用も問題となっています。ガス類の乱用吸入からは少しはずれますが、亜硝酸エステル類以外の代表的な合法ドラッグについて、ここで簡単に触れておきたいと思います。

一九七五年ごろから、気分の昂揚や覚せい効果、緊張感の消失が得られるといって、市販の咳止めシロップ剤を、通常の何十倍もの量を一度に使用することが、一部の若者の間で流行しています。このようなシロップ剤には、麻薬のリン酸ジヒドロコデイン（ただし、含有量は一％以下）、覚せい剤原料の塩酸メチルエフェドリン（ただし、含有量は一〇％以下）、抗ヒスタミン剤のクロルフェニラミン、カフェインなどが含まれています。これら複数の薬物を一度に大量摂取すると、各薬物の相互作用に起因する効果や各薬物の作用が増強されて現れると考えられています。事実、大量服用後、三〇～六〇分でけいれんを起こし、病院へ運び込まれたという例もあります。連用後に生じる精神病状には二種類あります。一つは、精神分裂病様の幻覚妄想状態で、もう一つは、主として抑うつ気分、不安を中心とする感情障害です。薬をやめると、発汗、不安焦燥感、筋肉のふるえ、頭痛、脱力感、倦怠感などが現れます。長い人では、一〇年にもわたって乱用していたという例も報告されています。乱用例が増加したことから、厚生省の指導のもと、シロップ剤の成分配合比の変更や用量の少量化などが行われ、依存症者の数は、減少しつつあるといわれています。

最近、中毒事故が増加しているものに、「マジック・マッシュルーム」があります。マジック・マッシュルームは、幻覚作用をもつキノコの総称で、合法ドラッグとして、乾燥したキノコそのものだけでなく、粉末、錠剤、液体の形のものから自分でキノコを栽培できるキットまで出回っています。幻覚キノコといっても、キノコによってその原因物質はいろいろですが、代表的なものは、サイロシベ属キノコのサイロシン、サイロシビンです（第五章参照）。ベニテングタケ、オオワライタケ、ヒカゲシビレタケなど、日本でも神経症状を起こすキノコの自生がみられますが、合法ドラッグとして売買されているのは、中南米やハワイ、バリ島からのものと考えられています。マジック・マッシュルームを摂取すると、摂取直後から不安感、脱力感、口唇のしびれ、めまいなどが現れるといわれています。その後、三〇分～一時間以内に幻覚が現れ、一～二時間の間は幻覚症状が増大し、その後徐々に消失、四～一二時間以内には正常にもどると報告されています。「依存性、中毒性はない」とうたわれていますが、海外では、心筋梗塞を起こしたり、けいれん状態と高熱で死亡した例が報告されています。また、国内では、マジック・マッシュルームによる幻覚からます。

空を飛べると思い、二階の窓から空中遊泳を試みて落下し、全身を強打、骨折して病院に運び込まれたり、ふつうの若者が急に錯乱状態に陥ったり、ビルから飛んで死亡するという例も発生しています。

「エクスタシー」と呼ばれる幻覚剤ＭＤＭＡの乱用については第五章で述べましたが、「ハーバル・エクスタシー」と呼ばれる合法ドラッグが出回っています。ハーバル・エクスタシーのほかにもナチュラル・エクスタシー、ラブ・エクスタシーなど、さまざまな名前のものがあり、形状も、錠剤、カプセル、液体といろいろです。その含有成分もさまざまで、中には、覚せい剤原料のエフェドリンやメチルエフェドリン、カフェインなどを含むものがあります。やせ薬であることをうたっているものもありますが、含有成分からみて、そのような効果はないと思われます。

このほか、さまざまな合法ドラッグ（動植物に由来するものから化学合成品まで）が、インターネットや通信販売で簡単に入手できるようになってきています。これらは、それぞれ、いろいろな効能をうたって販売されていますが、中には含有成分が明確でないものも多く、健康への影響が危惧されます。また、これらの乱用による事故も報告されています。しかし、現在のところ、「合法ドラッグ」を規制することは、薬物が多様で、販売形態もインターネットの利用など従来と異なる場合が多いことなどから、なかなか難しいようです。今はまず、「合法ドラッグ」といわれる製品をいろいろ入手して分析し、その成分を明らかにして危険性を評価し、それを周知することで乱用防止に役立てようとする試みがなされています。

第九章　乱用薬物に挑む新しい科学的戦略

世界各国で、ヘロイン、コカイン、覚せい剤などの薬物乱用が大きな問題となっており、その撲滅に向けてさまざまな取組みが行われています。薬物乱用を防止するためには、「供給の遮断」と「需要の根絶」の両面から迫らなければなりませんが、それぞれを支援するための新しい科学的戦略が立てられています。

「供給の遮断」に関しては、原料となる不法なけしやコカ、大麻草の栽培を断つことが、当然大きな課題となります。タイ政府によるラオス、ミャンマー国境山岳地帯のけし畑の大々的な焼き払いや、メキシコ国境での大麻草栽培に対する空からの除草剤散布など、いろいろな取組みが行われています。また、けしやコカの栽培は、貧しいその地方の人たちの貴重な現金収入となっていますので、これらに代わる有効な作物の耕作指導やその援助が行われたりしています。一方、ほとんどの薬物は、世界的な規模で流通していますが、その際、薬物は巧妙に隠蔽されて運搬・保管されています。「供給の遮断」には、これらの探知・発見も重要であり、また、その密売流通経路の解明が必要となります。このため、麻薬犬に代わる薬物探知法の開発、不純物プロファイル分析（後述）を利用した薬物流通経路の追跡などが検討されています。「需要の根絶」に関しては、教育・啓蒙あるいは中毒患者の治療・社会復帰などが大きな鍵を握りますが、薬物使用者の発見も重要な点の一つです。イムノアッセイ（免疫検定法）を用いた捜査現場での簡便な尿検査や、高感度分析を利用した毛髪中薬物分析による薬物使用の証明が可能となってきています。この章では、これらの話題について紹介します。

水際での薬物探知

不法薬物は、普通のコンテナー貨物に紛れ込ませたり、置物・家具などに巧妙な細工を施して隠蔽したり、あるいは、いわゆる運び屋が、身に着けたり、飲み込んだり、二重底のスーツケースに隠したりなど、さまざまな方法で運送・密輸されています。

現在、これらの薬物の発見のために広く利用されている方法は、いわゆる麻薬犬の利用です。しかし、嗅覚の特徴として、順応や疲労の問題があり、麻薬犬も連続しては一五〜二〇分程度しか有効に活用することができません。このため、連続的に利用でき、客観性のある探知機器の開発が検討されています。犬の嗅覚は、人に比べて三千倍〜一億倍と非常に鋭敏であるといわれていますが、麻薬探知において、犬がどのような物質を嗅ぎわけているかは不明です。

乱用薬物の検出が困難である理由の一つに、その蒸気圧が非常に低いために外部へ揮散しにくいことがあります。たとえば、飽和状態での気相中のコカイン濃度は、遊離塩基で約一ナノグラム／リットル、塩酸塩では約三〇ピコグラム／リットル（ナノは一〇の九乗分の一、ピコは一〇の一二乗分の一）といわれています。しかも、薬物は厳重に包装・隠蔽されている場合が多いわけですから、外部への揮散蒸気量はさらに減弱していると考えられます。したがって、分析試料の採取には、吸着剤を用いて空気試料を捕集・濃縮する方法が用いられています。捕集した成分は、熱脱離などによって遊離・蒸気化し、窒素リン選択検出器（ＮＰＤ）を用いたガスクロマトグラフィーや選択イオン検出法（ＳＩＭ）を用いた質量分析などの高感度分析が試みられています。しかし、空気試料を濃縮しても、薬物の検出はなかなか困難で、現在のところ、蒸気圧の高い大麻成分の検出に成功している程度です。また、最終産物の中に残存している密造時に使用された有機溶媒や、揮発性の高い副生成物、分解産物などを指標として薬物探知を行おうとする試みも行われています。たとえば、アセトン、ジエチルエーテル、安息香酸メチルを検出してコカインを、酢酸、メチルエチルケトンを検出してヘロインを探知しようとするものです。これらは、ある程度の成功を納めていますが、当然、安息香酸メチルを検出したからといって、それがコカインであると特定できるのか、また、酢酸やメチルエチルケトンを検出したからといって、それがヘロインだと断定できるのかという点に問題があることが指摘されています。

空気試料採取法の検討過程で、不法薬物の包装物や貨物の外表面に、ほとんどの場合、顕微鏡で

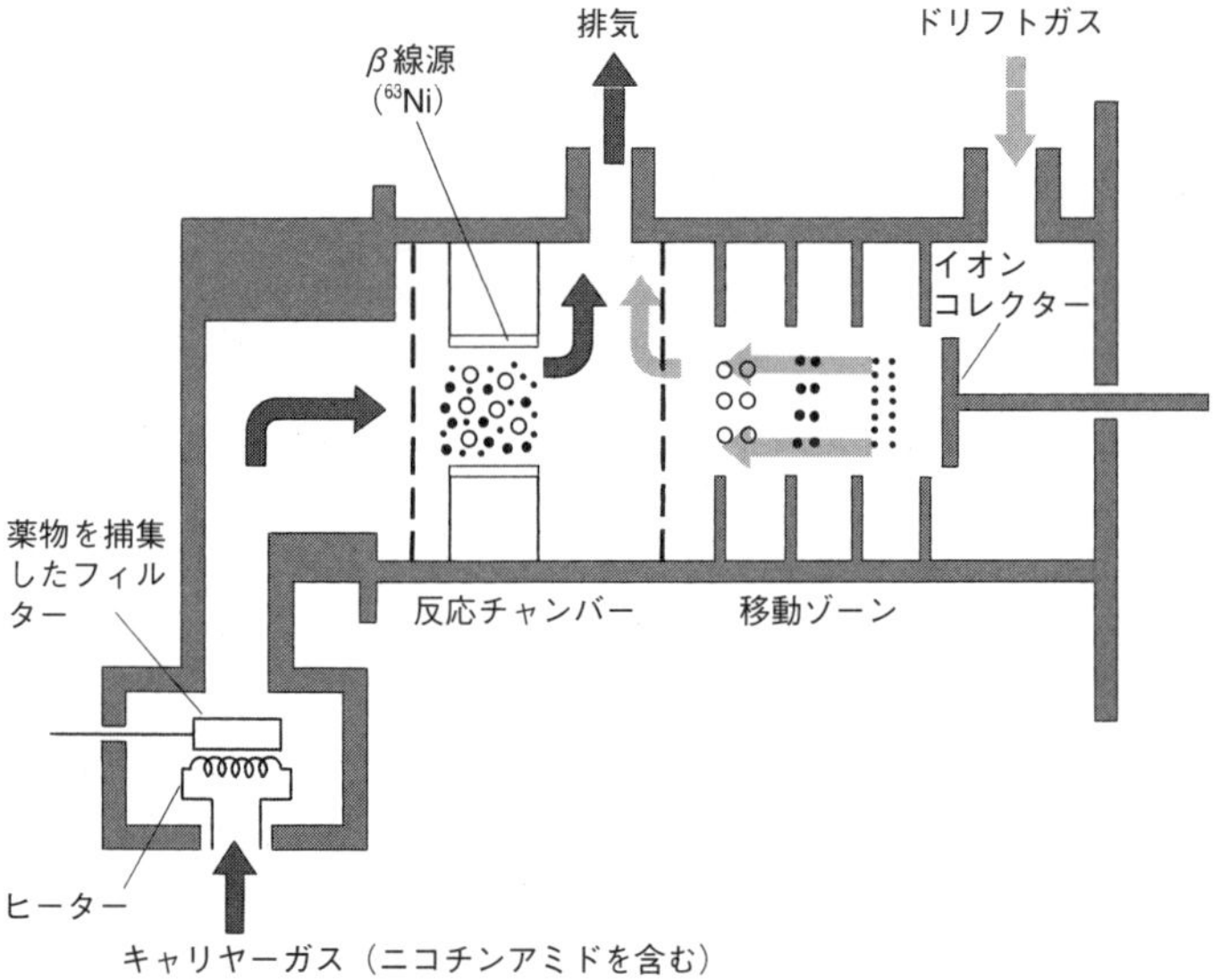

図9・1　イオンモビリティースペクトロメトリー（IMS）の概略図
フィルターに捕集された薬物はヒーターによって蒸気化され，キャリヤーガス（窒素あるいは空気）によって反応チャンバー（反応室）に導入される．ここで ^{63}Ni からのβ線の照射によって，キャリヤーガスに微量添加されているニコチンアミドがイオン化され，このイオンと薬物との間で起こるイオン-分子反応によって薬物がイオン化される．これらのイオン（イオン化された薬物を含む）は電場で加速されながらドリフトガスの流れに逆らって移動ゾーン内を飛行し，イオンコレクターに到達する．各イオンの飛行時間の相違（イオンモビリティースペクトル）によって薬物が同定される

しか見つけることができないほど小さな薬物微粒子が付着していることが見いだされました。そこで、これら微粒子を捕集して、薬物を探知・検出する方法が検討され、実用化されています。

この方法では、掃除機のような器具を利用してフィルター上にこの薬物微粒子を捕集したのち、フィルターを分析装置に装着、フィルターを加熱して薬物を脱離・蒸気化して分析します。分析法としては、窒素リン選択検出器（NPD）付きガスクロマトグラフィー、二つの質量分析計を連結して用いるタンデム質量分析、イオンモビリティースペクトロメトリーを利用したものなどが市販されています。イオンモビリティースペクトロメトリーは、比較的新しい技術で、高感度（検出感度、五～一五ナノグラム）で早い応答時間（〇・一～一〇秒）をもち、操作も非常に簡単です。図9・1に装置の概略図を示します。なお、日本で、イオンモビリティースペクトロメトリーを日常的に使用するには、放射性同位元素を使用している点にやや問題があります。

空港における手荷物検査などでは、X線映像が日常的に利用されています。最近は、密度の異なる物質を画面上で異なる色で表示して識別できるようになってきています。有機物と無機物との識別はもちろん、たとえば、魚の腹部に隠された薬物でも検出可能です。しかし、ヘロインか、コカインか、覚せい剤かといった薬物の種類までは識別するには至っていません。

密売流通経路の解明

乱用薬物の不法取引には、強大な密売組織が関与しており、検挙者の自供などだけで密売流通経

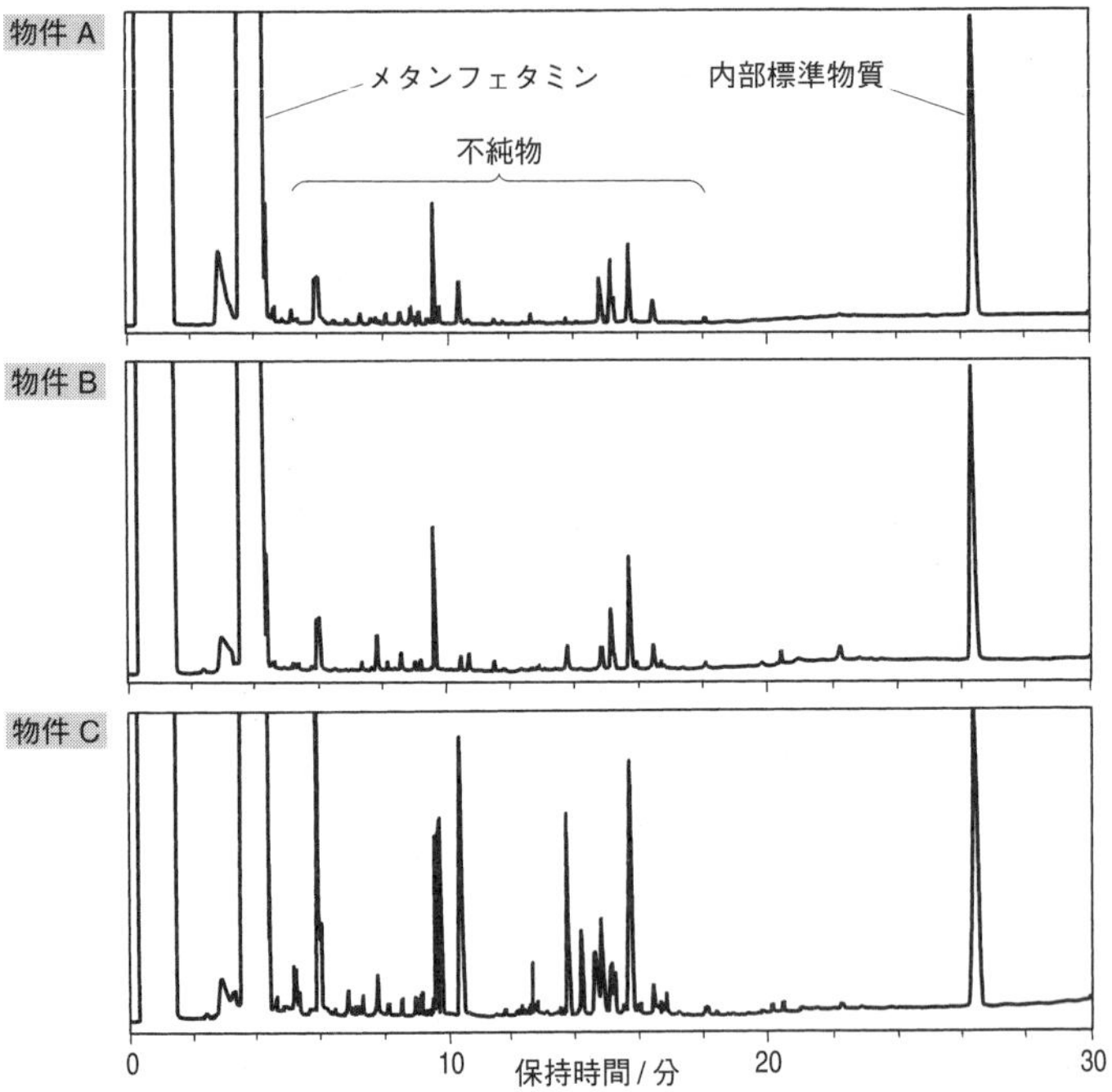

図 9・2　メタンフェタミンの不純物プロファイル分析の例　物件 A と物件 B は起源が同一で，物件 C はこれらと明らかに起源が異なると考えられる

路を追跡することは非常に困難な場合が多いのが実状です。そこで、異なる場所で押収された物件の出所が同じか否か（同一由来性）を科学的に明らかにし、密売流通経路に関する情報を得ようとする試みが行われています。一つは、外観や形状から識別する方法で、もう一つは、薬物物件中に含有される主成分以外の成分（不純物）を分析・比較することによって識別する方法です。

前者は、不法薬物が錠

剤の形で密売されている場合に、錠剤に刻印された錠剤成型器の特徴的なキズや独特の図柄などを手がかりとします。また、代表的な幻覚剤であるＬＳＤの場合、ミシン目のような切り目が入れられた紙に染み込ませた形で流通していますので、そのミシン目の特徴や印刷された図柄などが比較されます。

後者は、その薬物の製造方法や起源など、取扱われてきた環境を反映する物質（原料物質、副生成物、反応中間体、さらには増量剤、添加剤など）を対象に、優れた分離能をもつガスクロマトグラフィーや高速液体クロマトグラフィーなどを用いて分析し、得られたクロマトグラム（溶出曲線）のパターン（不純物プロファイルと呼ばれます）を比較して同一由来性を明らかにしようとするものです。不純物のプロファイルは、署名や指紋のように各物件に固有のものですので、薬物署名（drug signature）、化学指紋（chemical fingerprint）とも呼ばれています。

日本で乱用されている覚せい剤のメタンフェタミンは、非常に純度が高く、含有される不純物が少ないため、不純物プロファイル分析はなかなか困難な点がありました。種々検討した結果、覚せい剤結晶から塩基性下、少量の有機溶媒を用いて有機不純物を抽出し、キャピラリーカラムを用いたガスクロマトグラフィー分析を行うと、起源が同一と思われる物件からは類似したクロマトグラムが、また、起源が異なると思われる物件からは異なるクロマトグラムが得られ（図９・２）、物件の同一由来性に関する情報が得られることが明らかとなりました。さらに、多変量解析などの統計学的な手法を用いて、プロファイルの類似性を客観的に評価し、データベースの中から押収物件と類似したプロファイルをもつ物件を検索するシステムが開発されています。

もう一つの覚せい剤であるアンフェタミンは、第二章で述べたように、主としてロイカルト反応で密造されています。それゆえ密造されたアンフェタミンは、この反応に特徴的な*N*-ホルミル体など、比較的多くの不純物を含有しています。そこで、主成分であるアンフェタミンの影響を除くため弱酸性〜中性下で溶媒抽出したあとにガスクロマトグラフィー分析を行い、プロファイルの比較が行われています。

ヘロイン、モルヒネは、天然物が原料ですので、それぞれの原料に含有されている多くの天然由来の成分が不純物として残存しており、これらがプロファイル分析に利用されています。

ヘロイン物件のプロファイル分析においては、試料をトリメチルシリル誘導体とした後にガスクロマトグラフィー分析を行っています。この方法によれば、あへんアルカロイドをはじめ、増量剤や添加剤として添加されている糖類、カフェイン、バルビツレート、メタカロン、フェノールフタレインなども一斉に分析できます。また、東南アジア産のものは、あへんの主成分の一つであるパパベリン量が少なく、西南アジア産のものは、同じくあへんの主成分の一つであるノスカピン量が非常に高いなど、産地によってヘロイン中のあへんアルカロイド含有量に特徴のあることが明らかにされており、不純物プロファイル分析から産地の推定もある程度可能となっています。

コカインのプロファイル分析は、試料をトリメチルシリル誘導体としたり、水素化リチウムアルミニウムで還元後にヘプタフルオロブチリル誘導体としてガスクロマトグラフィー分析を行い、エクゴニンエステル類などのアルカロイドをはじめ多くの化合物を一斉に分析し、多くのピークを与えるクロマトグラムを得て、そのパターンを比較しています。

大麻草中には、第六章でも述べましたように、四〇〇種以上の化合物が含有されていますが、大麻草に特有のカンナビノイド成分だけでも六〇種以上の化合物が単離・同定されています。試料のメタノール-クロロホルム（九対一）抽出物についてガスクロマトグラフィー分析を行い、テルペン、アルカンからカンナビノイドまでを一斉に分析、そのプロファイルの比較が物件識別に有効であることが報告されています。しかし、大麻成分の含有量は、栽培場所、採取時期のみならず、保存方法によっても変化します。このため、大麻のプロファイル分析は、まだ多くの問題を抱えています。

最近、自然界の植物を原料とするヘロイン、コカインの産地特定に、安定同位体比（炭素一三と炭素一二、窒素一五と窒素一四）の違いを利用しようとする新しい試みがなされており、その有効性が報告されています。これは、自然界に存在する安定同位体の比が、その生態系に依存して若干変動することを利用したもので、これまで、渡りをするチョウのような生物からエメラルドのような無機物まで、さまざまなものの地理的ルーツの調査に用いられています。今後、実際に流通している押収物件にこの方法を適用して、その有効性をもっと確認する必要がありますが、プロファイル分析と組合わせると、流通経路解明のより強力な武器になると期待されます。なお、大麻草も自然界の植物ですが、大麻草特有成分のカンナビノイドをはじめ、その成分のほとんどは、窒素を含

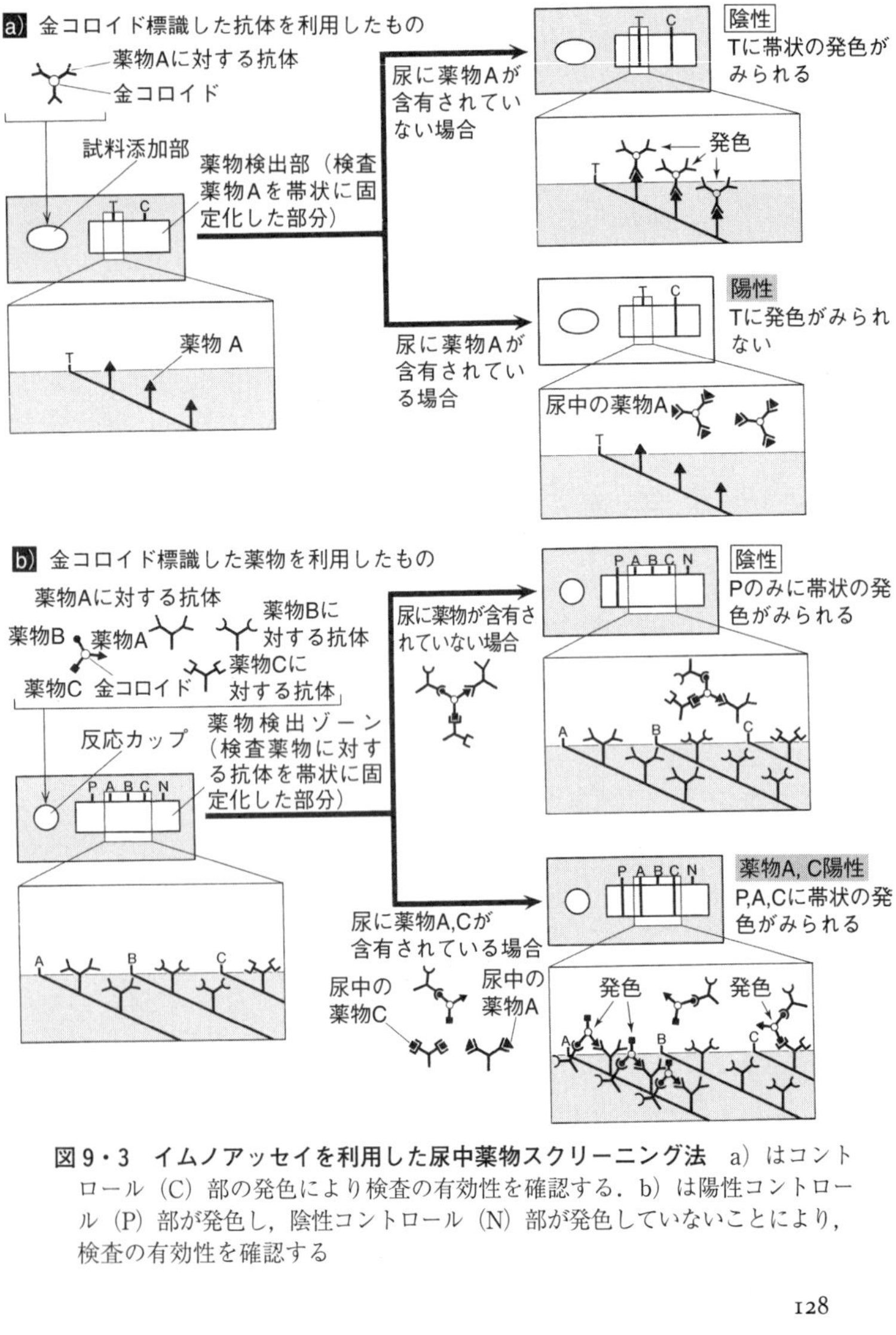

図9・3 イムノアッセイを利用した尿中薬物スクリーニング法 a) はコントロール (C) 部の発色により検査の有効性を確認する．b) は陽性コントロール (P) 部が発色し，陰性コントロール (N) 部が発色していないことにより，検査の有効性を確認する

んでいません。そこで、炭素の安定同位体比の相違のみでの産地識別が試みられていますが、産地の違いによる変動はそれほど大きくなく、これだけでの産地特定は難しいことが指摘されています。

イムノアッセイによる尿中薬物の検出

薬物使用の証明は、主として尿中に排泄された薬物の検出をもって行われます。しかし、容疑者の拘束時間の問題などから、捜査現場で簡単に実施でき、かつ特異性の高いスクリーニング法が要望されています。これに答えるべく最近注目されているのが、イムノアッセイ（免疫検定法）を利用した簡便な検査法です。

イムノアッセイを利用した乱用薬物のスクリーニング法は、放射性同位体、酵素あるいは蛍光物質で標識した化合物を用いるものが早くから市販されていましたが、これらには、特殊な設備や分析機器が必要で、捜査現場で実施するには不向きでした。しかし、最近は、名刺あるいはペーパー試験紙を少し大きくした程度の大きさの検査キットが開発・市販され、捜査現場での使用が検討されています。なかでも、判定が呈色状態を観察するのみという簡便さから、金コロイドを利用したものが主流となってきています。

イムノアッセイを利用した検査法の例を図9・3に二つ示します。図9・3aの例では、検査シート上の試料添加部に尿試料を数滴滴下して、三～五分放置し、試料を薬物検出部（図ではTの部分）に拡散させ、発色が検出されれば陰性、発色しなければ陽性と判定します。図では発色を黒い線で示してあります。試料中に薬物が存在すると、金コロイド（金の微粒子を溶媒中に分散させたもので赤紫色を示す）で標識した抗体に薬物が結合するため、発色部分に金コロイド標識抗体が結合できなくなります。その結果、発色しないわけです。検査の有効性確認のため、陽性、陰性に関係なく、コントロール（対照）部分(図中のC)の呈色を確認するようになっています。これは、コントロール部分に固定化された、薬物と無関係な物質の抗原と、試料と一緒に拡散してきたその物質に対する抗体と金コロイド複合体との抗原抗体反応によって生じるものです。

図9・3bは、複数の薬物を呈色状態を観察して検査する小型デバイス（装置）の例です。反応カップ内で、各種の薬物抗体と尿試料中の薬物および金コロイド標識薬物とを競合反応させたあと、この反応液を、各薬物に対する抗体を帯状に固定化した薬物検出ゾーンに移し、各薬物検出部分の呈色状態を観察します．このデバイスでは、陽性の場合に指定部分（図中の例ではAとC）に発色が観察されるため、感覚的に受け入れられやすく、また、現在、一個のデバイスで一度に八種の乱用薬物（アンフェタミン類、オピエート、コカイン、大麻、フェンシクリジン、バルビツール酸系薬物、ベンゾジアゼピン系薬物、三環系抗うつ薬）が検査できます。

これらの検査キットは、操作が簡単で、特異性も高く、また、検査に要する試料の量が少なくすむ（〇・一五ミリリットル以下）うえ、時間もかからない（五〜一〇分）ので、今後、捜査現場でスクリーニング法として利用される機会が増加していくものと考えられます。

毛髪による薬物使用歴の証明

ガスクロマトグラフィー／質量分析などの高感度分析法の発達に伴って微量薬物の検出が可能となり、毛髪を試料として種々の薬物の検出が報告されています。

尿試料の場合、薬物検出可能期間は摂取後三〜五日、乱用者でもせいぜい七〜一〇日前後と短いのに対し、毛髪試料では、数カ月から数年間の薬物使用が証明できるとされています。さらに、頭髪は一カ月に約一センチメートル伸びることから、頭髪を根元から一定間隔で切って、それぞれの部分を分析すれば、薬物使用歴が推定できることが示唆されています。また、毛髪試料は、運搬や保管が容易であり、場合によっては同じような状態の試料を再度採取できるという利点がありま す。しかし、ごく最近の薬物使用や慢性的でない使用を毛髪試料で証明することは難しく、また、脱色や染色処理によって毛髪中の薬物が漏出することが指摘されています。

毛髪中への薬物の取込み機構については、まだ不明な点も多いのですが、主として、血中の栄養分と同様、毛球部分に入り込んでいる毛細血管から毛乳頭を経由して取込まれると考えられていま す。毛髪は、毛球部分で造られた毛母細胞がつぎつぎと角質化しながら成長し、どんどん上に押し上げられて形成されますが、この際、毛母細胞に取込まれた薬物もそのまま保持されて移動していくと考えられています（図9・4）。

毛髪中の薬物の検査は、通常、表面汚染の除去、薬物の抽出、分析の三つの手順で行われます。毛髪表面は、手の汚れや汗などによって汚染されることがありますので、まず、洗剤やメタノール

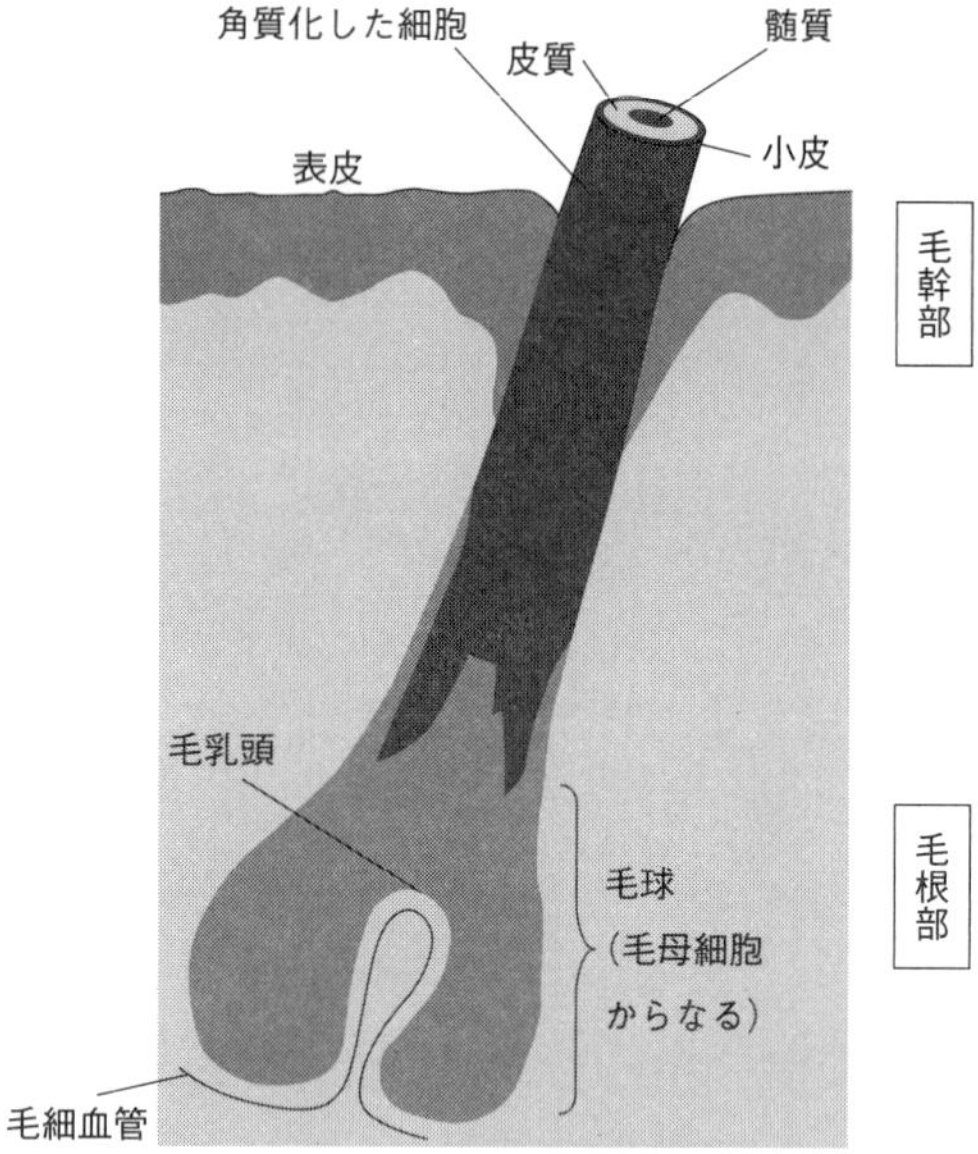

図9・4　毛髪の構造

などで洗浄してこの外部汚染を除去します。毛髪からの薬物の抽出法としては、主として、

①アルカリで毛髪を溶解後、有機溶媒で抽出する

②酸または酸性アルコールで抽出する

③中性有機溶媒で抽出する

④プロテナーゼ（タンパク質分解酵素）などの酵素で処理後抽出する

などの方法があります。抽出法は、分析対象薬物（たとえば、コカインは、塩基性条件下では分解されるため、①の方法は使用できません）によって選択されます。分析法としては、毛髪中の薬物量が通常、毛髪一ミリグラム当たり数ナノグラム程度のごく微量ですので、通常、選択イオン検出法（SIM）を用いたガスクロマトグラフィー／質量分析が用いられます。図9・5に毛髪中コカイン分析の例を示します。SIMで薬物含有が推定された場合には、さらに、各ピークの完全な質量

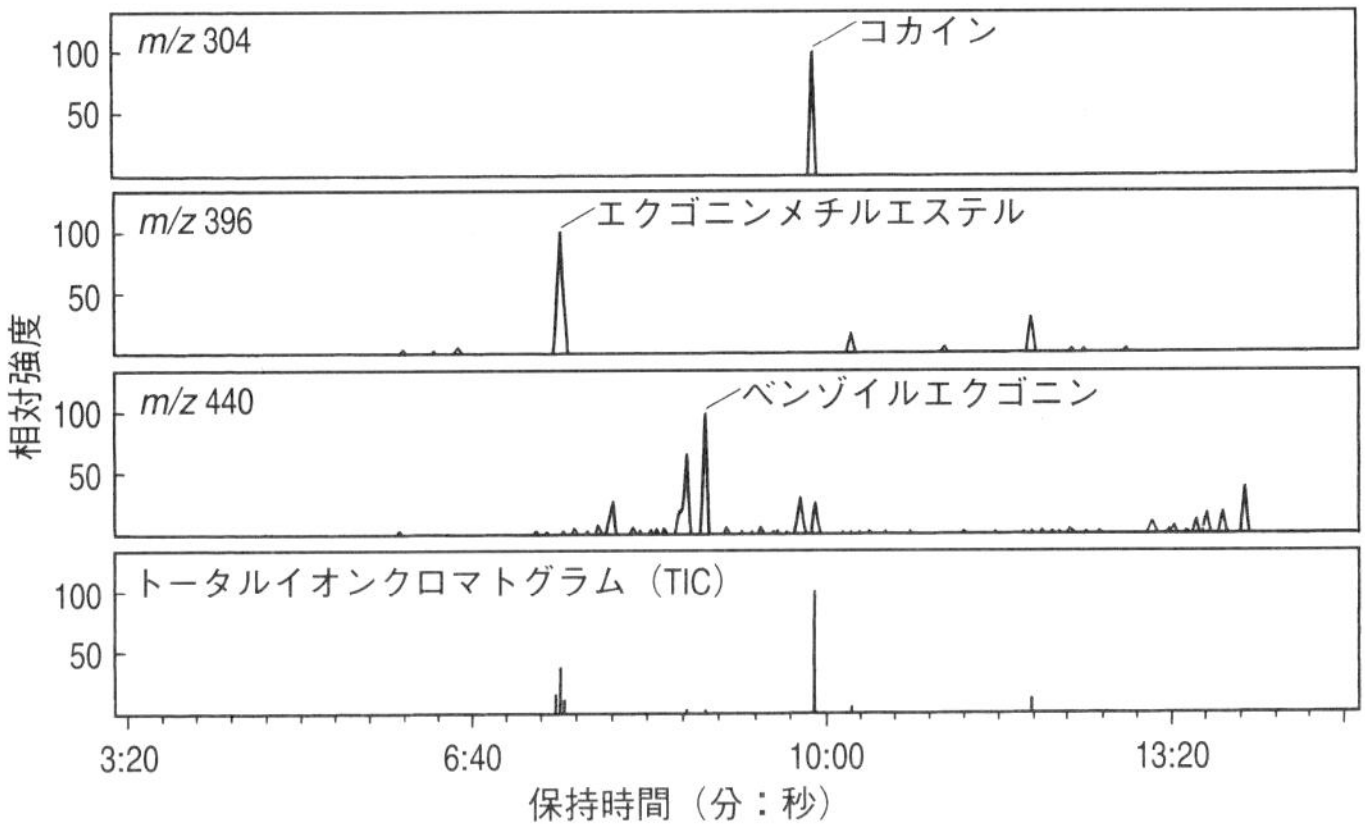

図9・5　ガスクロマトグラフィー/質量分析による毛髪分析例　コカインのほか，代謝物のエクゴニンメチルエステル，ベンゾイルエクゴニンも検出された

スペクトルを測定して薬物を同定・確認します。

試料中の薬物量や採取可能な試料量などの点から、薬物摂取証明のための検査試料としては、尿が最適と考えられます。しかし、前述したように、尿検査と毛髪検査から得られる薬物使用歴に関する情報は異なっており、毛髪検査は、尿検査を補うものとして注目されます。

覚せい剤を使用した容疑で逮捕され、尿検査の結果、その尿から覚せい剤が検出された者が、「自分は、覚せい剤をやっていません。そういえば、友達が入れてくれた紅茶を飲んだとき、ちょっと味が変だったので、あの紅茶に入れられていたに違いありません」といって、無罪を主張したことがありました。しかし、さらに捜査を進めると、周囲の人たちからは、「あいつが覚せい剤を使っていたのをよく見たことがある」などの証言が得られ、覚せい剤常用者の疑いがますます高まりました。そこで、その容疑者の毛髪を検査したところ、毛髪の根元から先端まで、各部位から覚せい剤が検出され、長期にわたって覚せい剤を使用していたことが証明されました。この事実を突き付けられ、本人も、これまでに何度も覚せい剤を使用していた事実を認め、刑に服したという例などがあります。

第十章　薬物乱用撲滅にむけて

これまで乱用薬物を「もの」の面からみてきましたが、薬物の不法取引や乱用を行うのは「人」であり、乱用撲滅を目指すには「人」の面から考える必要があります。そこでこの章では、乱用薬物の問題を「人」を中心に述べることとします。

薬物犯罪者の処罰

これまで述べてきましたように、乱用薬物は、「覚せい剤取締法」、「麻薬及び向精神薬取締法」、「大麻取締法」、「あへん法」「毒物及び劇物取締法」によって、その輸出入、製造、譲渡、譲受、所持、使用などが規制されています。したがって、それに違反した者は、それぞれの法律に従って処罰を受けます（表10・1）。逮捕された者は、まず警察で取調べを受け、四八時間以内にその書類や証拠物とともに検察庁に送致されます。その後の一〇日間、場合によってはさらに一〇日間の勾留

表 10・1　薬物取締関係法のおもな罰則

法律	規制対象薬物	営利または非営利	輸出入，製造あるいは栽培	譲渡，譲受，所持，使用
覚せい剤取締法	覚せい剤	非営利	1 年以上の有期懲役	10 年以下の懲役
		営利	無期または 3 年以上の懲役，情状により 1,000 万円以下の罰金を併料	1 年以上の有期懲役，情状により 500 万円以下の罰金を併料
	覚せい剤原料	非営利	10 年以下の懲役	7 年以下の懲役
		営利	1 年以上の有期懲役，情状により 500 万円以下の罰金を併料	10 年以下の懲役，情状により 300 万円以下の罰金を併料
麻薬及び向精神薬取締法	ヘロイン	非営利	1 年以上の有期懲役	10 年以下の懲役
		営利	無期または 3 年以上の懲役，情状により 1,000 万円以下の罰金を併料	1 年以上の有期懲役，情状により 500 万円以下の罰金を併料
	ヘロイン以外の麻薬	非営利	1 年以上 10 年以下の懲役	7 年以下の懲役
		営利	1 年以上の有期懲役，情状により 500 万円以下の罰金を併料	1 年以上 10 年以下の懲役，情状により 300 万円以下の罰金を併料
あへん法	けし，けしがら，あへん	非営利	1 年以上 10 年以下の懲役	7 年以下の懲役
		営利	1 年以上の有期懲役，情状により 500 万円以下の罰金を併料	1 年以上 10 年以下の懲役，情状により 300 万円以下の罰金を併料
大麻取締法	大麻	非営利	7 年以下の懲役	5 年以下の懲役
		営利	10 年以下の懲役，情状により 300 万円以下の罰金を併料	7 年以下の懲役，情状により 200 万円以下の罰金を併料
毒物及び劇物取締法	トルエン，シンナーなど	摂取，吸入またはこれらの目的での所持：1 年以下の懲役もしくは 3 万円以下の罰金または併料 上記の情を知った上での販売，授与：2 年以下の懲役もしくは 5 万円以下の罰金または併料		

期間のうちに、検察官の取調べを受け、起訴あるいは不起訴が決定されます。起訴となった場合は、裁判によって争われ、最終的な罪が確定されます。日本での最高刑は、営利目的での覚せい剤あるいはヘロインの密輸入や製造で、無期懲役です。日本の取締りの特徴は、「使用」も厳しく規制されていることで、これが、乱用拡大の大きな抑止力になっていると考えられています。また、シンナー事犯などは未成年者が多いので、その場合には少年法や児童福祉法に基づく手続きとなり、おおまかには図10・1に示すような処置・処分の流れになります。薬物犯罪の取締りは、他の犯罪と異なり、警察のみならず、厚生労働省地方厚生局麻薬取締部、財務省税関、国土交通省海上保安庁でも行っています。

最近は、気軽に外国へ出かけることができるようになり、毎年一〇〇〇万人を越える人たちが海外旅行へ出かけています。海外では、比較的簡単に薬物を入手できることから、気軽に薬物に手を出し、薬物がらみのトラブルに巻き込まれる例も多くみられています。薬物事犯によって、外国で処罰の対象となった日本人は、年間三〇～五〇人に達しています（表10・2）。これらはあくまで表面化した事件であり、実際には、この何十倍もの例があると推定されています。

密輸、密売に関与する暴力団関係者による事件も多いのですが、一般観光旅行者によるトラブルも多々みられます。乱用薬物は、種々の俗称で呼ばれることが多く、その実体を知らないで、「これは麻薬ではないから」といわれて手を出したり、町角で、親しげに日本語で話しかけられ、「いいものがあるから……」とか「仲間のところへいかないか……」とか巧みに勧められたりする場合

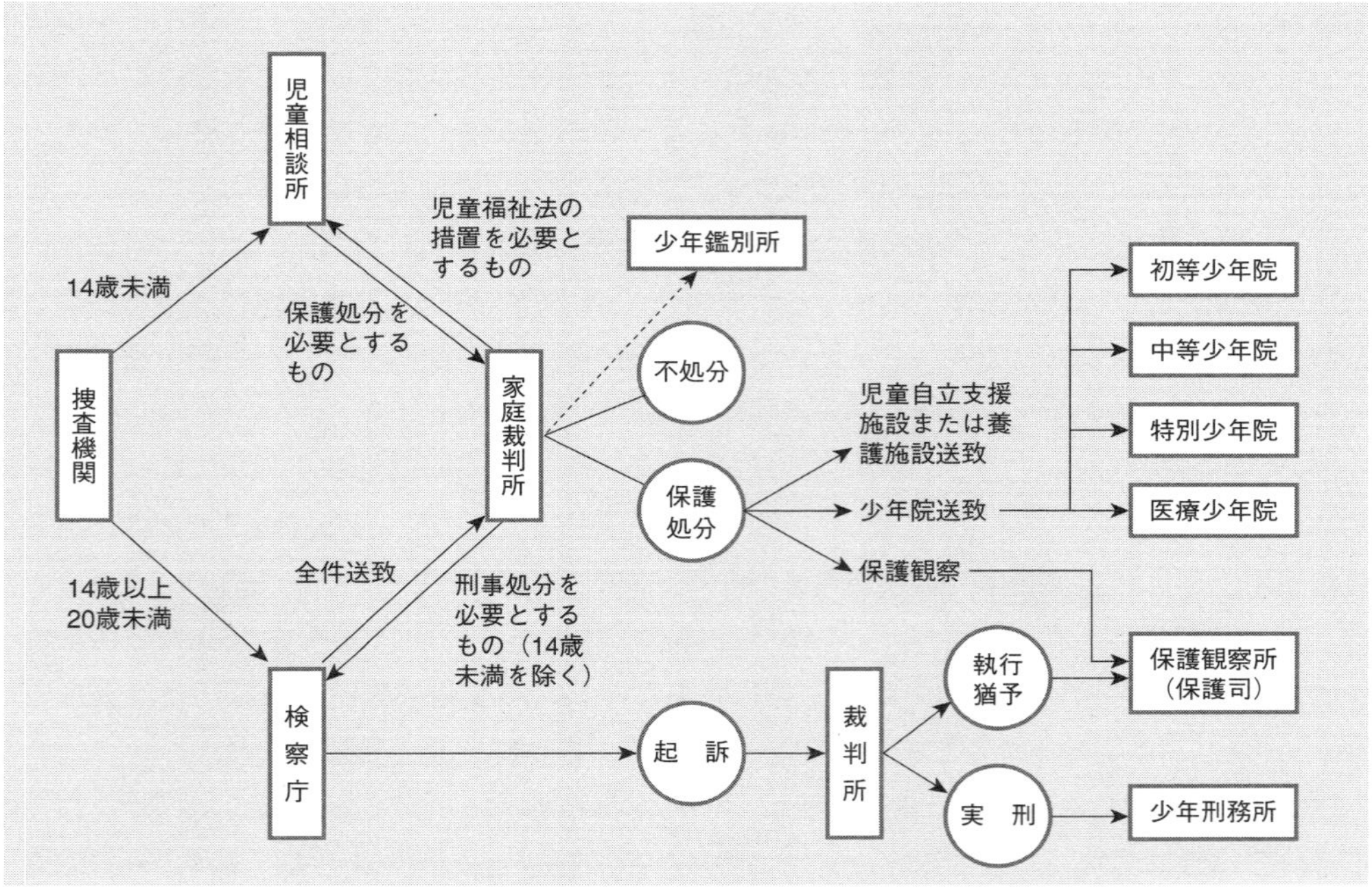

図10・1　薬物乱用少年に関連する保護法制手続きの大まかな流れ

もあります。そして旅先で入手した薬物を、手荷物に隠して日本に持込もうとして逮捕された例もあります。さらに、観光地で話しかけられ、親しくなった（と本人は思っている）人から、お土産とともに日本にいる友達に渡してほしいと荷物を頼まれ、体よく運び屋をさせられてしまったという人もいます。

外国における薬物事犯の処罰も厳しく、たとえば、マレーシアでは、ヘロインまたはモルヒネを一五グラム以上所持していた場合、あへんでは一キログラム以上、大麻では二〇〇グラム以上を所持していた場合は死刑となります。実際、オーストラリア人の若者に対してヘロイン所持で死刑が執行され、両国の間で大きな問題になったことがありました。表10・3に、いくつかの国での処罰の最高刑を示します。日本人でも、一九九六年、タイのバンコクのドンムアン空港で、胴巻きと靴にヘロイン一・三五キログラムを隠して成田行きの航空機に搭乗しようとした男性が、税関職員に逮捕され、バンコク司法裁判所で死刑の判決を言い渡された例があります。なお、その被告は、罪状を認めたため、その場で無期懲役に減刑されました。

表10・2　海外で薬物事犯によって処罰対象となった日本人

年	検挙人数
1989	48
1990	27
1991	52
1992	34
1993	28

「旅の恥はかきすて」で、「外国だから」とか「一度だけなら」と開放的な安易な気持ちから薬物に手を出すと、文字通り「命取り」になりかねません。

各国の処罰の中で、特異的なのはオランダの例です。オランダ

表10・3　諸外国における薬物事犯の罰則（最高刑）

国　名	罰　則
日本	無期懲役
韓国	死刑
中国	死刑
タイ	死刑
マレーシア	死刑
シンガポール	死刑
フィリピン	死刑
インドネシア	死刑
インド	死刑
米国	無期懲役
英国	無期懲役
フランス	無期懲役
オランダ	禁固12年

は、ヨーロッパの玄関といわれるほど貿易が盛んな国ですが、ヨーロッパにおける乱用薬物流通の中心地としても知られているところです。オランダでは、薬物使用者が薬物乱用に陥るのは、薬物自体が使用者の精神や身体に与える効果によるだけでなく、使用者の環境が大きくかかわっていることを重視する立場がとられています。また、薬物に関連する犯罪や取引の取締りのみならず、薬物政策の基本に「保健衛生の維持」が上げられています。したがって、いわゆる回し打ちによるエイズや肝炎などの蔓延を防止するため、ヘロイン乱用者をある地域へ集め、そこで新しい注射器や針を配る対策がとられたりしています。

罰則の適用にあたっては、大麻とその他の薬物（ヘロイン、コカイン、覚せい剤など）を区別し、また、乱用者と密売人を明確に区別しています。自己使用目的の少量（三〇グラム以下）の大麻の販売や所持には寛大な態度がとられており、密売人たちが、青年センターや喫茶店を利用して大麻製品を販売することも少量なら容認されています。もちろん、これらの密売所は、当局の監視下に置かれ、取引があまりにも頻繁化した場合には、閉鎖されることとなります。ヘロイン、コカイン、覚せい剤などの薬物をハード・ドラッグとよびますが、オランダで大麻製品の利用を容認するのは、ハード・ドラッグの市場と大麻製品の市場を分離し、薬物乱用者が、危険性のより高いハード・ドラッグの乱用へ転落するのを防止しようというねらいからだとされています。比較的危険性の少ない大麻を乱用している若者が、大麻製品を買うために、ハード・ドラッグも出回っている闇市場に立ち入らなければならないとなると、それらの薬物にも手を出すことになる危険性がきわめて高くなります。そのような事態を防ぐために、喫茶店での大麻製品の少量取引には寛容な態度がとられ、一方、他の薬物の取引は厳しく規制されているのです。

一九九三年、マーストリヒト条約が発効してヨーロッパ連合が発足し、二〇〇二年一月には、共通貨幣ユーロが一般市場でも流通し始めました。今後ますます、ヨーロッパ内各国の往来が自由になりますが、それに伴って、近隣国からの薬物乱用の拡大を懸念する国々も多く、また、国による薬物対策の相違や処罰の相違をどのようにしていくかが議論されています。

「人」よりも「金」

日本への覚せい剤の密輸は、通常キログラム以上の単位で行われ、その際の価格は、一キログラム当たり一五〇～二〇〇万円といわれています。これが、小分け（パケと呼ばれています）されて密売市場に出回るときには、一グラム入りパケが二～四万円、一回分（〇・〇二～〇・〇三グラム）入りのパケが二〇〇〇～四〇〇〇円で取引されます。価格は五〇倍以上となり、その利益は一キログラム当たり一億円近くにもなります。また、二〇〇一年末の英国タイムズ紙によると、コカインの価格は、生産地のコロンビアでは、一キログラム当たり二〇〇〇ポンドで、それが英国に密輸されると、一万九〇〇〇～三万ポンドになるとのことです。中間密売人は、これを、一オンス（約二八・四グラム）当たり一〇〇〇ポンドで売りさばき、一週間に一キログラム程度の取引があるので、その利益は週一七万六〇〇〇ポンド（約三五〇〇万円）にも達します。ヘロインも、生産地のアフガニスタンでは一キログラム当たり六〇〇ポンドで、英国に密輸されると六〇〇〇～八〇〇〇ポンドとなり、中間密売人には一万七〇〇〇～二万ポンドで売り渡されます。ここでさまざまな増量剤が添加され、末端では、一グラム当たり八〇ポンド程度で取引されているとのことです。

このように不法薬物の取引は莫大な利益を生むことから、暴力団などの大きな組織がかかわっています。少し古い統計になりますが、一九八九年の統計によりますと、暴力団の資金源（総額約一兆三〇〇〇億円）の第一位は覚せい剤であり、約三五％を占めていると推定されています。また、不法活動や国際的なテロリストグループの活動の大きな資金源として、薬物密売による利益が使用されているといわれています。アフガニスタンのタリバン政権の資金は、黄金の三日月地帯で栽培されたけしから密造したヘロイン取引に負うところが大きかったといわれており、二〇〇一年九月、ニューヨークで勃発した同時多発テロ事件のあと、米国政府が、世界各国の金融機関に依頼して、これらの資金の洗出しをしたことは記憶に新しいところです。

組織犯罪の場合、人を捕らえて罰するのみでは、つぎつぎと代わりの者が現れるので根本的な解決にはならず、組織の資金を押さえることが有効となります。そこで、一九九一年、「国際的な協力の下に規制薬物に係る不正行為を助長する行為などの防止を図るための麻薬及び向精神薬取締法等の特例等に関する法律」が制定（一九九二年施行）され、この法律によって、薬物事犯による不法収益や不法収益に由来する財産は没収できることとなりました。また、不法収益を合法化する行為、いわゆる「マネーロンダリング」を防止するため、銀行などの金融機関は、不法収益の疑いのある取引は届け出るように義務付けられています。

さらに、この法律では、いわゆる「泳がせ捜査（コントロールド・デリバリー）」を認めています。薬物の取引は国際的な規模で行われていますが、入国の時点で容疑者を逮捕してしまったり、規制薬物を税関で押収してしまうと、国内の取引相手まで捜査の手が届かないことになってしまいます。そこで、薬物犯罪捜査の観点から必要と認められ、当該外国人の逃走や当該規制薬物の散逸を防止するための十分な監視体制が確保されている場合には、入国や通関の特例を認めています。すなわち、それと知りつつ容疑人物や規制薬物の貨物を国内に入れ、その後を追跡して、国内の取引相手に達した時点で一緒に逮捕・押収するものです。

また、薬物密売には、携帯電話や留守番電話などが巧妙に利用されており、取引の実態を把握・証拠化することが困難です。そこで、薬物・銃器犯罪などの一定の犯罪に関する電話やファックス、電子メールなどの通信を捜査機関が傍受できる「通信傍受法」が、一九九九年の通常国会で成立しました。

悪質・巧妙化している薬物犯罪に対処するため、このように捜査方法にも新しい手法が導入され、根絶への努力が続けられています。

薬物中毒者の治療

薬物を乱用し、急性中毒や慢性中毒に陥っている人には、まず、その治療が必要となります。麻薬中毒者に対しては、麻薬及び向精神薬取締法により都道府県知事が精神保健指定医に対して診療を依頼し、麻薬中毒者医療施設（厚生労働省指定）に入院（措置入院といいます）させることができます。また、覚せい剤の慢性中毒者に対しては、精神保健法により都道府県知事が措置入院させることができます。

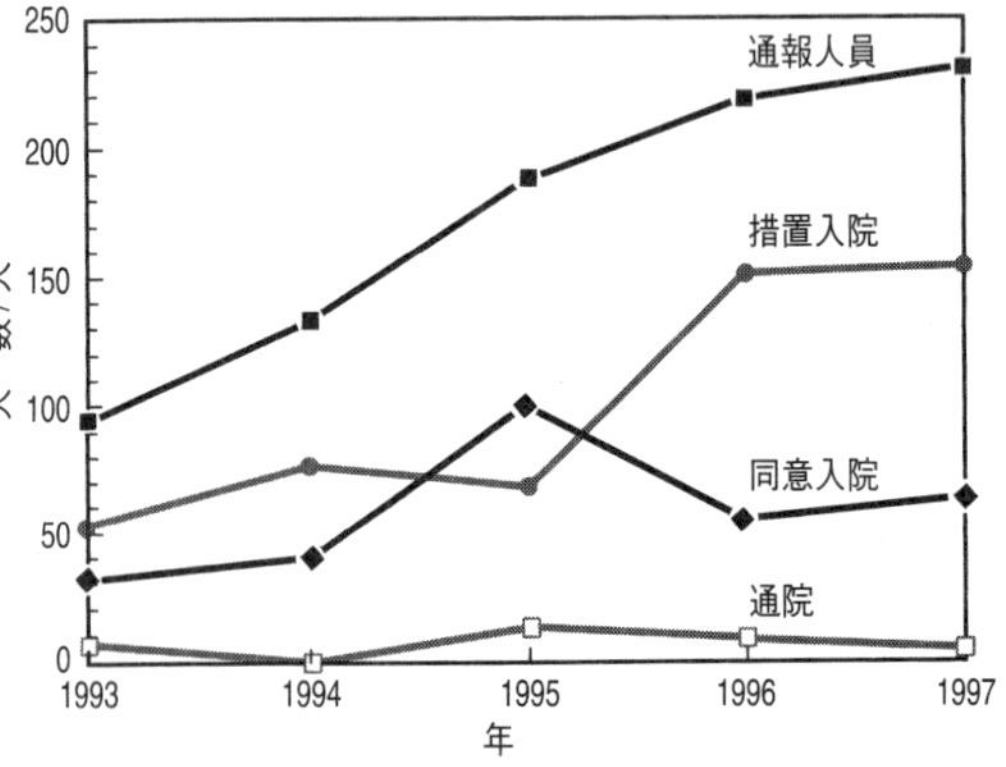

図 10・2　精神保健法に基づく覚せい剤中毒者の通報状況とその措置状況　覚せい剤中毒者本人が同意して入院するのが，同意入院．措置入院は本文参照

国立精神・神経センター精神保健研究所の「薬物関連精神疾患全国精神病院調査」（一九九六年）によると、薬物関連精神疾患患者の原因薬物は、覚せい剤（約五六％）と有機溶剤（一三％）が大部分を占めています。その他、睡眠薬、鎮痛薬、鎮咳剤、抗不安薬、大麻、コカインによるものが

それぞれ数％あり、乱用される薬物の多様化がうかがわれますが、やはり、覚せい剤の中毒者が最も多い状況です。また、精神保健法に基づく覚せい剤中毒者の通報状況（図10・2）をみると、その数は年々増加しており、これからも覚せい剤乱用の深刻化がうかがわれます。

覚せい剤急性中毒には、尿を酸性にして覚せい剤の排泄を促進します。血圧が上昇するので、α遮断薬およびβ遮断薬を用いて血圧を下降させ、急性心不全への対応とします。α遮断薬あるいはβ遮断薬とは、神経伝達物質のアドレナリンやノルアドレナリンがα受容体あるいはβ受容体と呼ばれる受容体に結合するのを阻害する薬物で、この結合阻害によって、動脈収縮の抑制、心筋の収縮力の低下が起こり、降圧の作用を発現します。激しい精神運動興奮や急性幻覚妄想などにはハロペリドールなどの抗精神病薬およびジアゼパムなどの抗不安薬の投与が行われます。

急性中毒は、薬物摂取の中止と適切な処置により原則的には短期間に回復できます。しかし、慢性中毒の場合、薬物摂取を中止（断薬）しても、完全に治癒するのはなかなか困難です。覚せい剤の反復使用によって形成された幻覚や妄想などの精神病状態に対しても、やはり抗精神病薬が使用され、そのほか症状に応じて、抗不安薬、催眠剤なども使用されます。

薬物依存症の治療

薬物乱用で最も問題となるのは、やめようと思っても、なかなか簡単にはやめられない依存状態になることです。薬物依存には、薬をやめたときに現れるさまざまな不快な身体的反応（退薬症

表10・4　薬物依存症の診断基準（ICD-10による）

1）薬物を摂取したいという強い欲求か強迫感
2）薬物摂取行動の開始，終結あるいは使用レベルをコントロールする能力の低下
3）退薬症候があって，薬物使用によりこの退薬症候が軽減されるとの自覚があり，この目的での薬物使用があること
4）薬剤耐性を示す
5）薬物使用のために，次第に他の楽しみや興味を顧みなくなっていくこと（薬物のことで頭がいっぱいになっていること）
6）有害な結果の明白な証拠にもかかわらず，依然として薬物を使用すること（有害な結果には，過度の飲酒による肝臓への害のような医学的なもの，薬物に関係した障害や行為によって仕事を失う場合のような社会的なもの，薬物使用の結果としての抑うつ状態のような心理的なものがある）

候）を避けるために薬物の継続摂取を求める身体依存と、薬物の精神的な効果を強く欲求する精神依存があります。退薬症候は、断薬初期における短期の治療ですみますが、精神依存の治療は、長期にわたり、また、いろいろな治療を試みても、再発することが多くあります。

国際的な薬物依存症の診断基準として、世界保健機構（WHO）の「国際疾病・傷害および死因統計分類」（ICD）や米国精神医学会の「精神障害のための診断と統計のマニュアル」（DSM）があります。ICD-10（一九九〇年版）では、薬物依存による病態は依存症症候群に分類され、具体的には、表10・4に示す項目のうち三つ以上を、少なくとも一カ月間持続して、あるいは一年間にわたって繰返して体験したか発現した場合、薬物依存症と診断されます。また、DSM-IVでは物質依存という表現になっていますが、内容はほぼ同様です。

薬物依存症の治療は、主として、退薬期には対症療法で、その後の精神依存の治療は、精神療法

やリハビリテーションに重点を置いて行われます。

残念ながら現在のところ、薬物依存の本体である精神依存とその症状である渇望に対する特効薬は見つかっていません。しかし、最近の神経科学領域の研究の進歩は目覚ましく、薬物依存の研究も、行動薬理学から神経伝達物質動態、神経伝達物質受容体およびこれに関連する神経化学、遺伝子工学などの分子生物学的手法を導入して飛躍的に進歩してきています。薬物依存の発現や依存による脳の障害発現のメカニズムが解明されれば、特効薬の開発も期待されます。

現在、治療薬として注目を集めているのは、薬物の作用部位に対する作動薬（アゴニスト）や拮抗薬（アンタゴニスト）です。米国などでは、ヘロイン依存症に対して「メサドン置換療法」がとられています。メサドン（麻薬に指定されています）は、オピオイド受容体（モルヒネ様活性を示す物質の受容体）の作動薬です。この治療法は、メサドンがヘロインやモルヒネより依存性が弱く、作用時間が長いことを利用して、まず、いったんメサドンで置換し、その後徐々に量を減らして依存から離脱させるものです。

また、オピオイド受容体拮抗薬のナルトレキソンやブプレノルフィンがヘロイン依存症の治療薬として一部用いられています。他の薬物についても、薬物依存症の動物モデルを用いて、種々の作動薬や拮抗薬が検討されています。まだ臨床で使用できるまでには至っていませんが、今後、有効な治療薬の出現を期待したいものです。

なお、治療には向精神薬を中心としてさまざまな薬が使用されますが、抗不安薬、催眠剤などは依存を形成しやすいので、病院で処方される薬に対して新たに依存症を形成しないよう十分な注意が必要です。

表 10・5　薬物乱用問題のおもな相談窓口

1）自助グループ

●ダルク

日本 DARC 本部
〒111-0042　東京都台東区寿 3-5-9
後藤ビル203
Tel 03(3844)4777　Fax 03(3844)4799

東京 DARC
〒116-0014　東京都荒川区東日暮里 3-10-6
Tel 03(3807)9978　Fax 03(3803)0509

横浜 DARC デイケア・センター
〒232-0017　神奈川県横浜市南区宿町2-44
Tel 045(731)8666　Fax 045(743)4029

●NA

日本インターナショナルサービス
Tel 03(5685)6128

●Nar-Anon

Tel 03(5951)3571　（月～金 10：00～16：00 祝祭日休み）

2）公的機関（連絡先は巻末参照）

●各都道府県警察本部内の相談窓口

●各都道府県の精神保健福祉センター，保健所

薬物依存症者の社会復帰

「禁煙しようとしたが、なかなか続かなかった」という経験者は多いと思います。意志だけではやめられないというのは、薬物も同様です。薬物依存症という病気は、乱用者の生活習慣に根づいているものなので、断薬を継続していくためには、その人の生き方や生活スタイル自体を変えていくことが必要となります。薬物依存症からの回復は、薬物依存症者自身が自覚して薬物摂取中心の生活習慣から脱却を図り、薬物のない生活習慣を身につけ、社会生活に適応することです。しかし、精神病院や矯正施設の中で形成された断薬の意志は、社会生活の中ではなかなか継続・維持されにくく、自立心や生活

能力が弱いため、容易に現実逃避に走り、再び薬物に手を出すことになりやすくなります。断薬が安定期に入るには少なくとも三年から五年はかかるといわれています。

薬物依存症者を対象とした公的な社会復帰施設などは、日本ではまだ整備・運営されていません。薬物依存症者たちが社会復帰を目指し、共通の問題をもつ仲間とともに、その体験を分かち合って活動を行っている自助グループがあります（表10・5）。

ダルク（DARC: Drug Addiction Rehabilitation Center）は、一九八五年、東京の荒川区で誕生し、現在、全国二二カ所に広がっている薬物依存症者が中心になって運営している社会復帰センターです。薬物依存症者が回復の過程で克服しなければならない最も大きな障害は、疎外と孤独といわれていますが、薬物依存症者が他の薬物依存症者を手助けする形で運営されています。初心者（ビギナー）が入ると、すぐに担当カウンセラーが本人の個人的問題や悩みについての相談を受け、その後、断続して治療プログラムの指導を行うようになっています。

NA（Narcotics Anonymous）は、一九五三年に米国で生まれた薬物依存症者の自助グループで、日本では一九八二年から活動が始まりました。一二ステップの回復プログラムに基づくミーティングを通して薬物からの離脱を図ろうとするものです。全国各地の都市で毎週あるいは毎晩開かれており、薬物依存症者であればだれでも参加できます。また、同じ境遇の家族同士が互いに支え合うことを目的に、薬物依存症の患者をもつ家族の自助グループであるナラノン（Nar-Anon）も全国三〇カ所近くでミーティングを開催しています。

その他、精神保健福祉センター（各都道府県にほぼ一カ所設置されています）や保健所では、薬物依存症者に対する治療の指導、助言や精神病院、自助グループなどの紹介、また、家族に対する支援・教育などを行っています。また、各都道府県警察本部や各警察署に薬物に関する一般の相談窓口が設けられています（おもな相談窓口を巻末に記します）。

薬物乱用防止教育

薬物乱用防止には、乱用の最初の段階である第一次予防が最も本質的で効果的な対策と考えられます。すなわち、依存性薬物を使用するきっかけを除いたり、各個人がきっかけとなる誘因を避け、拒絶できるようになることが重要です。そのためには、一人一人が乱用の恐ろしさを理解し、学校・家庭・地域社会が協力して乱用防止に努めることが大切で、広報、啓発、教育が重要となります。

覚せい剤乱用の低年齢層化に伴い、最近は、学校における薬物乱用防止に関する指導・教育も盛んに実施されるようになってきています。薬物乱用には、学校や地域社会からのドロップアウト、友人関係、家庭環境などの社会的環境が大きく影響していることから、薬物乱用防止に関する指導では、児童・生徒に薬物乱用の危険性について正しい知識を与えるとともに、いわゆるライフスキル（意志の決定、コミュニケーションや人との接し方、ストレスへの対処などの能力向上を目指した訓練）に関する指導の重要性が認識されつつあります。

乱用防止運動の中心的な役割を果たしている組織として、麻薬・覚せい剤乱用防止センターがあります。一六ミリフィルムやビデオなどの映像資料、ポスター、パンフレット、漫画読本などのさまざまな出版物を豊富にそろえ、教育・啓発事業の推進、広報活動、情報の収集など、幅広い活動を行っています。また、薬物乱用防止スクールキャラバンカーを所有しており、学校や地域社会で薬物乱用防止に関する正しい知識の普及、啓発活動を推進するために全国を巡回しています。

薬物乱用防止のための五カ年戦略

一九九八年五月、内閣総理大臣を本部長とする薬物乱用対策推進本部において、「薬物乱用防止のための五カ年戦略」が策定されました。具体的には、(1)青少年の薬物乱用傾向の阻止、(2)取締りの強化、(3)国際協力の推進、(4)薬物依存あるいは薬物中毒者の治療と社会復帰・再乱用防止の支援の目標が掲げられています。一日も早い薬物乱用の根絶が願われます。

おわりに

薬物乱用やそれに関連する問題は、国によって乱用されている薬物やその程度などに相違がみられますが、世界のほとんどの国で、悪化の一途をたどっているのが現状です。そして、世界最大の薬物消費国は、米国であり、第二の消費地はヨーロッパです。

圧倒的に消費量の多い大麻を別にすれば、米国で最も大きな薬物問題は、コカインです。また、LSDなどの幻覚剤の乱用も米国の特徴です。最近は、特に西海岸を中心に、「アイス」と呼ばれる覚せい剤メタンフェタミンの加熱吸入も流行しています。

ヨーロッパでは、コカインの乱用は、米国ほど広まってはいませんが、それでも、米国の影響を受け、植物由来の薬物の中で、大麻に続いて広く乱用されている薬物となっています。ヘロインは、米国よりもヨーロッパで広く乱用されています。そして、若者たちの間で流行している薬物は、「エクスタシー」と呼ばれるMDMAです。

その他、南米では、大麻、コカインが、東南アジア諸国では、大麻、あへん、ヘロインが、中国ではあへん、ヘロインが、そして、オーストラリア、日本、韓国では覚せい剤がおもな乱用薬物となっています。また、アフリカ諸国は、西南アジアで密造されてヨーロッパや北米へ密輸されるヘロインの通過点となっており、それらの乱用が増加してきています。以前から大麻草の不正栽培、乱用は、多くの国で行われていたのですが、最近は、向精神薬、ヘロインおよびコカインへとエスカレートしてきているといわれています。

交通網が発達し、経済的にも生活が安定して、海外旅行が容易になり、インターネットの普及などで国境を越えた迅速な情報のやりとりも容易となっている現在、諸外国で乱用されている薬物の入手が比較的容易になっていることが危惧されています。

一方、乱用薬物を生産の面からみてみますと、これまでに述べたように、たとえば、けし、ヘロインは、黄金の三角地帯（タイ、ミャンマー、ラオス三国の国境地帯）や黄金の三日月地帯（パキスタン、アフガニスタン、イラン三国の国境地帯）のほか、ペルー北東部からコロンビアのアンデス山脈に沿った地帯とメキシコ、特に南西部からグアテマラにかけての四地域（第三章参照）でほとんどが生産され、コカ、コカインは、コロンビア、ペルー、ボリビアのアンデス三国（第四章参照）で九八%以上が生産されています。そしてこれらの限られた生産地域から、さまざまの国や地域を経由して、密輸ルートが世界各地に広がっています。

このように、乱用薬物は、自国内だけにとどまらず、いろいろな面で、世界的規模でかかわりのある問題なのです。

日本でも、薬物に関する事件が、新聞、テレビなどで報道されない日はないほどで、特に、最近は、薬物乱用による芸能関係の人たちの摘発が続き、マスコミに大きく取上げられています。

科学技術が発達し、物質的には非常に豊かになった現代社会ですが、その反面、さまざまなストレスが人々にのしかかり、心のゆとりや豊かさを失った人が増えています。そして、現実から一時的に逃避したり、快楽を得るために、薬物を使用しようとする人が多くなってきていると思われます。

乱用薬物の多くは、もともとは、よりすぐれた作用を発現する「くすり」を求めて発見された医薬品で、適切な用法に従って使用する限りは、問題のないものも多いのです。そして、その「くすり」を快楽追求の目的で使用するところから、いろいろな問題の生じてくることがおわかり頂けたら幸いです。

大部分の人にとって、当然、「薬物乱用は自分とはまったく関係のない話」であろうと思います。しかし、思いのほか薬物が身近に迫っている今日、個々人が「ノー」という態度を常に堅持することを忘れてはならないと思います。そしてその輪を周囲の人々に広げていけば、乱用薬物の撲滅が見えてくるのではないでしょうか。

本書は、東京化学同人発行の月刊誌「現代化学」一九九九年四月号から同年一二月号に連載した「乱用薬物の化学」に加筆、一部書き直したものです。本書の執筆にあたって、貴重なご教示を賜りました元科学警察研究所副所長瀬田季茂博士に、深く感謝申し上げます。また、この本の刊行にあたって、内容や表現、原稿の整理に関して適切な助言や協力をして下さったり、全般にわたって熱心に推進して下さった東京化学同人の田井宏和、後藤よりこ両氏に衷心より感謝申し上げます。

科学のとびら43

乱用薬物の化学

二〇〇三年二月十日 第一刷発行
二〇〇七年十二月十五日 第二刷発行

著 者 井上堯子
発行者 小澤美奈子
発行所 株式会社 東京化学同人
東京都文京区千石三-三六-七(〒一一二-〇〇一一)
電話 〇三-三九四六-五三一一
FAX 〇三-三九四六-五三一六
印刷 シナノ(株)・製本 (株)松岳社

Printed in Japan ISBN978-4-8079-1283-4
落丁・乱丁の本はお取替えいたします.

参 考 資 料

1. 丹羽口徹吉　編著，“捜査のための法科学——第一部　化学・文書・心理”．令文社（1980）．
2. 日本薬学会　編，“薬毒物化学試験法と注解”，南山堂（1992）．
3. 宮里勝政　著，“薬物依存”（岩波新書），岩波書店（1999）．
4. 日本生物学的精神医学会　編，“薬物依存と脳障害”，学会出版センター（1996）．
5. G. L. Longenecker　著，吉本寛司　訳，“薬物乱用と人のからだ”，アーニ出版（1999）．
6. S. H. Snyder　著，佐久間 昭　訳，“脳と薬物”，東京化学同人（1990）．
7. T. A. Gough　編，“The Analysis of Drugs of Abuse”，John Wiley & Sons（1991）．
8. 警察庁生活安全局薬物対策課，“覚せい剤等薬物事犯の統計資料”．
9. 依存性薬物情報研究班　編，“大麻”，厚生省薬務局麻薬課（1987）．
10. “The NNICC Report 1994”，DEA（1995）．
11. “Drug Pharmacology”，DEA（1994）．
12. J. Caldwell, L. G. Dring, and R. T. Williams，“Metabolism of [^{14}C]-Methamphetamine in Man, the Guinea Pig, and the Rat”, *Biochem. J.*, **129**, 11（1972）．
13. J. F. Casale and R. F. X. Klein, “Illicit Production of Cocaine”, *Forensic Sci. Rev.*, **5**, 95（1993）．
14. U. Boerner, S. Abbott, and R. L. Roe, “The Metabolism of Morphine and Heroin in Man”, *Drug Metab. Rev.*, **4**, 39（1975）．

用語解説（薬物の分析法）

薄層クロマトグラフィー（TLC，thin layer chromatography）　細かいシリカゲルやアルミナなどの粉（吸着剤）を，ガラス板上に厚さ0.25mmほどの薄い層に塗布したもの（薄層板）を用いて検査を行う．薄層板の下端から1cmくらいのところに，検査試料（押収薬物を溶かしたものや尿からの抽出物など）を小さい点状に付着させ，その横に検査しようとする薬物の標準品（標品）を同様に付着させる．つぎに，この薄層板を，少量の有機溶媒の混合液（展開溶媒）を入れた容器（展開槽）に入れて，その下端を浸す．時間の経過に伴い，毛管現象によって展開溶媒が薄層板上を上昇してくる．この際，試料中の各成分も薄層板上を，それぞれ異なった速度で移動し，分離する．

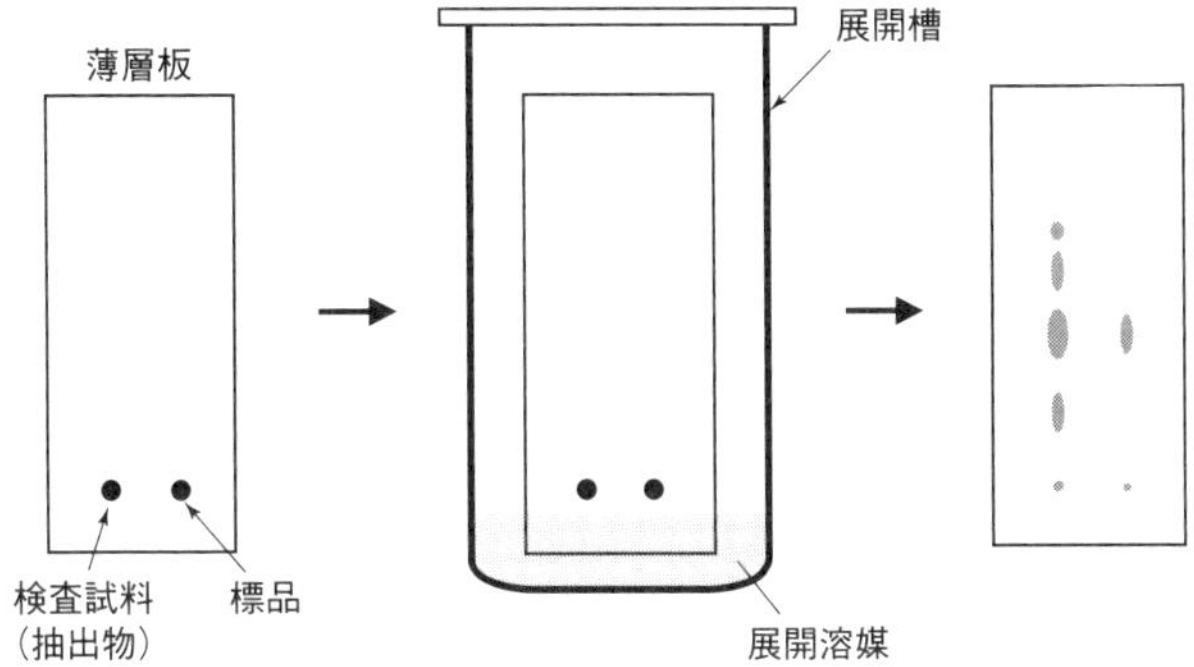

薄層クロマトグラフィー

展開溶媒が10cm程度上昇した時点で薄層板を取出し，紫外線ランプ下で吸収を観察したり，適当な検出試薬を噴霧して，分離した各成分を検出する．検査試料中に，標品と移動度（Rf値という）が同じ成分や，検出試薬に対する挙動が同じ成分が観察されるかで判断する．検査対象薬物によって，展開溶媒，検出試薬をそれぞれ選択する．

ガスクロマトグラフィー（GC，gas chromatography）　一定温度に保持できるオーブン中に，分離カラムを装着し，このカラム内に常に一定量の気体（キャリヤーガス，窒素あるいはヘリウムを使用）を流せるようになっているガスクロマトグラフという装置を使用して検査を行う．分離カラムとして，従来，液体シリコンなど（液相）を，けいそう土などの細かい粒子（担体）に薄くコーティングしたもの（充填剤という）を詰めた細長いガラス管（内径3mm，長さ1～3m程度）を用いていたが，最近は，分離能をよくするため，さらに細くて長いガラス管（内径0.25mm，長さ10～30m程度）の内壁に液相をコーティングしたキャピラリーカラムを使用すること（キャピラリーガスクロマトグラフィー）が多くなっている．小さい注射器を用いて検査試料を装置に導入すると，試料中の各成分はガス状になり，キャリヤーガスに乗って検出器が装着された出口に向かって移動する．

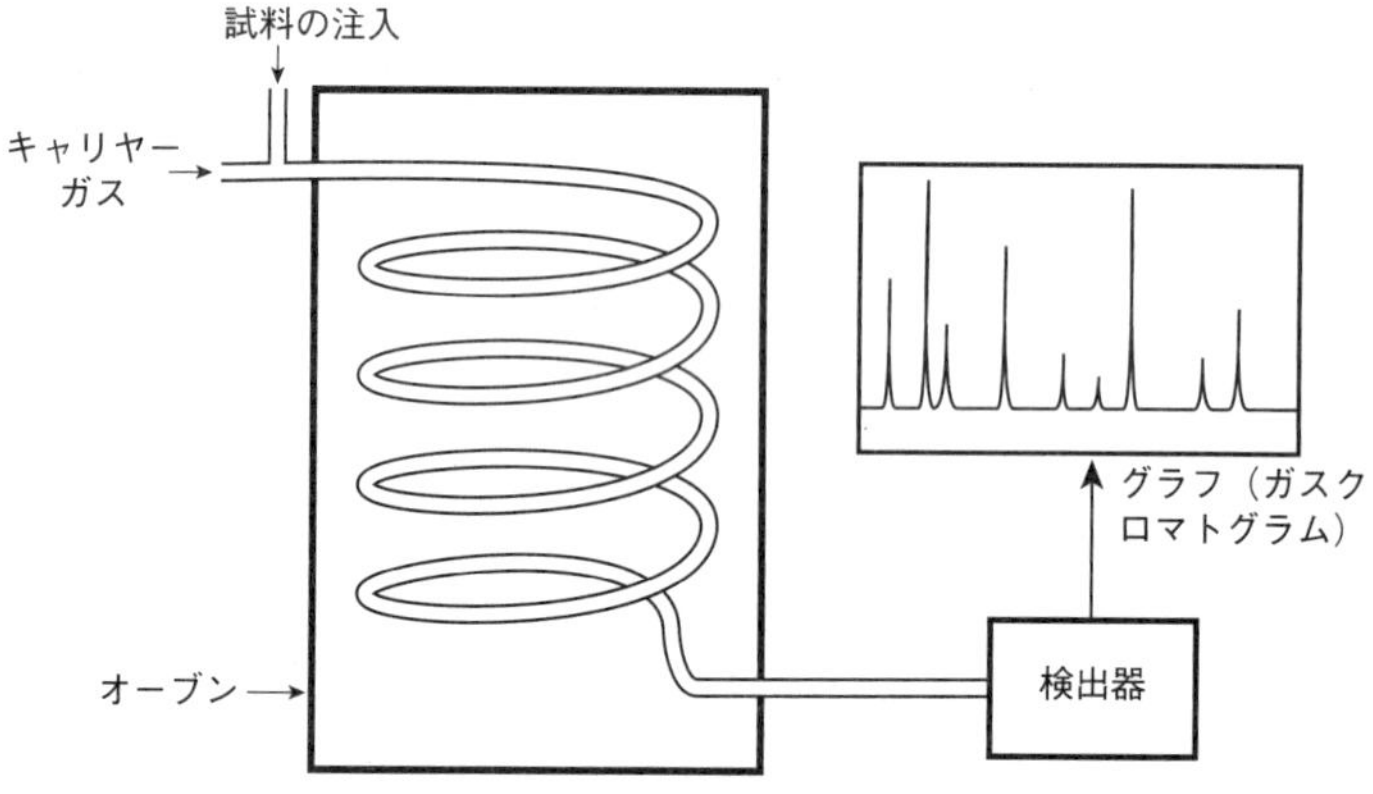

ガスクロマトグラフィー

分離カラムを通過する過程で，試料中の各成分は，その沸点や極性，液相との相互作用の違いなどによって分離され，それぞれ異なった速度で出口へ到達する．検査試料の中に，装置に導入してから出口まで移動するのに要する時間（保持時間）が標品と同じ成分が観察されるかで判断する．検査対象薬物によって，オーブン温度，液相を選択する．なお，各成分が分離されて出てくる状態を記録したものを，ガスクロマトグラムという．

高速液体クロマトグラフィー（HPLC, high performance liquid chromatography）　難揮発性の薬物や熱に不安定な薬物は，ガスクロマトグラフィー分析が困難であり，高速液体クロマトグラフィー分析が行われる．高速液体クロマトグラフという装置を使用して検査を行う．

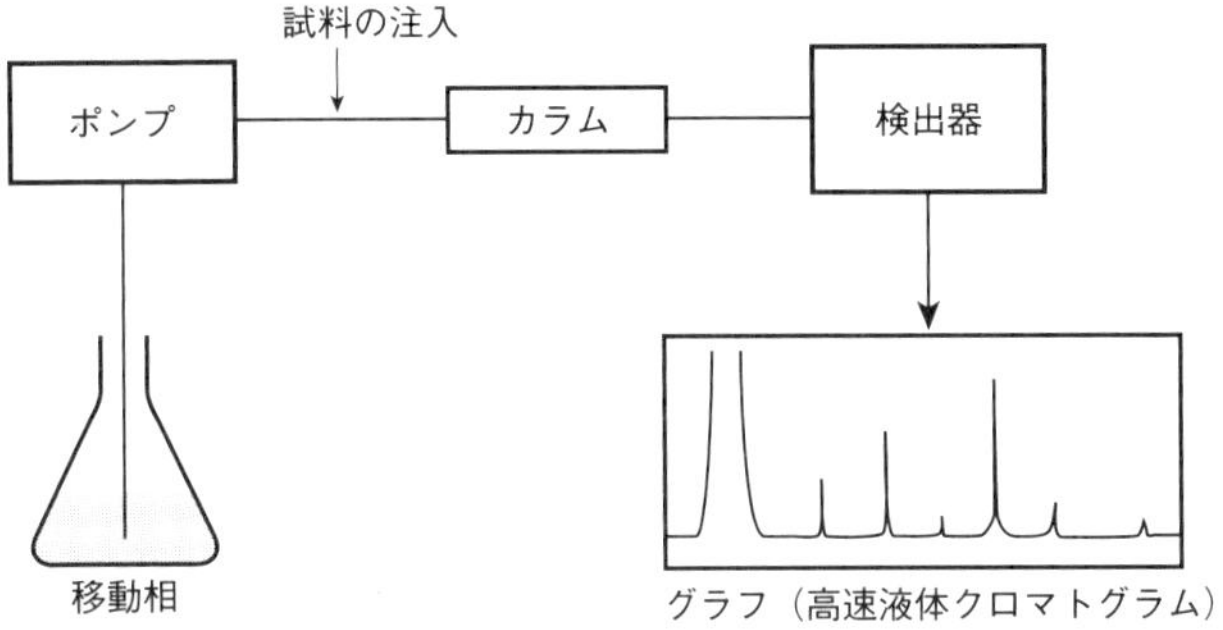

高速液体クロマトグラフィー

原理的には，ガスクロマトグラフィーと同様であるが，分離には，キャリヤーガスに代わって，液体（移動相，水溶液と有機溶媒の混合液）を使用する．検査対象薬物によって，カラム，移動相をそれぞれ選択する．

赤外吸収スペクトル（IR, infrared absorption spectrum）**の測定**　赤外吸収スペクトルの測定は，赤外分光光度計という装置を使用して行う．

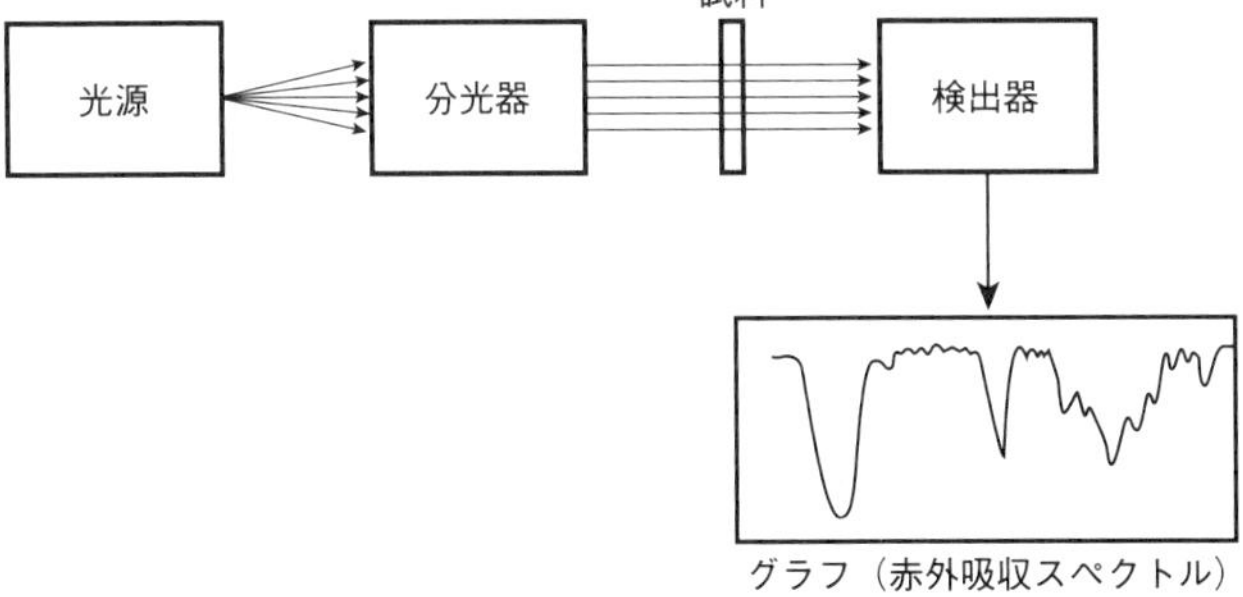

赤外吸収スペクトルの測定

通常，光や放射線を波長によって分解（分光）して，波長順に光の強度や物質による吸収量を並べたものをスペクトルという．化合物に赤外線（波長2.5～25μm程度）を照射すると，化合物によって特定波長の赤外線を吸収し，指紋のようにそれぞれ独特の固有なスペクトルが得られる．標準のスペクトルと比較することによって，確実に薬物を同定することができる．ただし，この分析のためには，薬物を単一な状態にまで精製しなければならない．

質量分析（MS，mass spectrometry）　質量分析は，質量分析装置を用いて行う．高真空に保持された装置内に物質を導入して，ガス状にし，種々の方法でイオン化する．生成したイオンを，質量（m）と電荷（z）の比（$m／z$）によって分離して，生成しているイオンの質量と量を観測する．

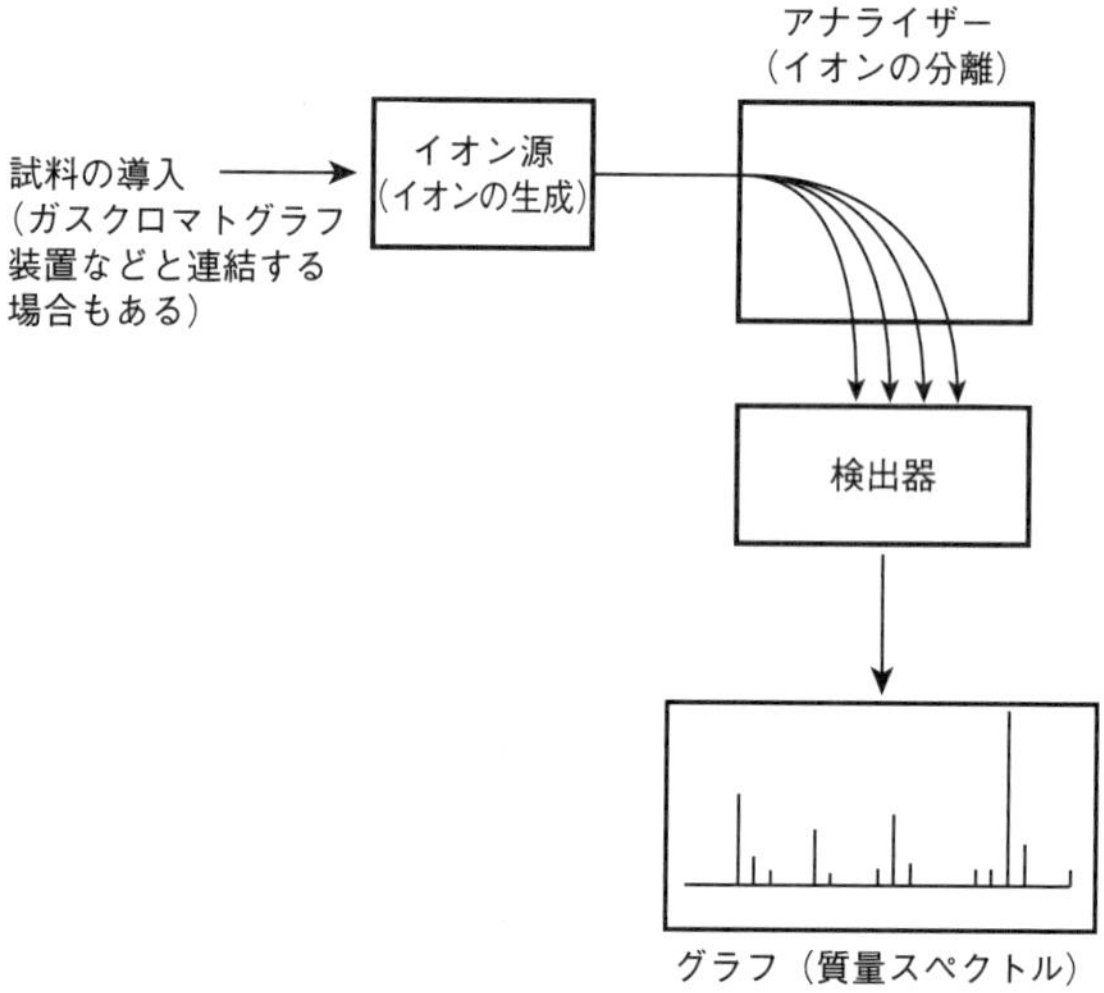

質量分析

得られた結果を，質量スペクトルという．薬物によって，それぞれに独特な固有のイオンを生じるため，標準のスペクトルと比較することで，確実に薬物を同定することができる．最近は，分離分析法であるガスクロマトグラフィーと結合したガスクロマトグラフィー／質量分析（GC／MS，

gas chromatography/mass spectrometry）が多用されている．この方法を用いると，あらかじめガスクロマトグラフ装置で分離した各成分を順次，質量分析装置に導入し，個々の成分の質量スペクトルを得ることができるので，混合物試料でも分析可能である．

質量分析の際に，現在最も広く用いられているイオン化法は，高エネルギーをもった電子を衝突させる電子衝撃イオン化（EI）法である．また，試料の量に比べて多量の反応ガス（イソブタンやメタンが用いられる）を同時に導入して，電子の衝突でまず反応ガスをイオン化し，このイオンと試料分子との衝突でイオン化する化学イオン化（CI）法もよく用いられる．この方法は，EI法に比べて穏やかなイオン化法で，分解しやすい化合物のイオン化に利用される．

ガスクロマトグラフィー／質量分析で，分析しようとする物質に特徴的に現れるイオンを選び，その質量のイオンのみが検出されるように装置の測定条件を固定して（選択イオン検出法，SIM，selected ion monitoring）分析すると，高感度の分析が可能となる．

薬物乱用問題のおもな相談窓口

●各都道府県警察本部

北海道警察本部	警察本部相談センター	☎011-241-9110
	少年サポートセンター	☎0120-677-110
旭川方面本部	旭川方面本部相談センター	☎0166-34-9110
	少年サポートセンター	☎0120-677-110
釧路方面本部	釧路方面本部相談センター	☎0154-23-9110
	少年サポートセンター	☎0120-677-110
北見方面本部	北見方面本部相談センター	☎0157-24-9110
	少年サポートセンター	☎0120-677-110
函館方面本部	函館方面本部相談センター	☎0138-51-9110
	少年サポートセンター	☎0120-677-110
青森県警察本部	警察安全相談室	☎017-735-9110
	ヤングテレホン	☎0120-58-7867
岩手県警察本部	警察安全相談室	☎019-654-9110
	ヤングテレホンコーナー	☎019-651-7867
宮城県警察本部	警察相談センター	☎022-266-9110
	銃器・覚せい剤110番	☎022-266-1074
	少年相談電話	☎022-222-4970
秋田県警察本部	県民安全相談センター	☎018-864-9110
	覚せい剤・サラ金・悪質商法・けん銃相談電話	☎018-823-0110
	やまびこ電話	☎018-824-1212
山形県警察本部	警察安全相談室	☎023-642-9110
	けん銃110番・覚せい剤相談	☎023-635-1074
	ヤングテレホン	☎023-642-1777
福島県警察本部	警察総合相談コーナー	☎024-533-9110
	ヤングテレホン	☎024-536-4141

薬物乱用問題のおもな相談窓口

警　　視　　庁	警視庁総合相談センター	☎03-3501-0110
	ヤングテレホンコーナー	☎03-3580-4970
茨城県警察本部	警察安全総合相談センター	☎029-301-9110
	覚せい剤110番	☎029-301-7979
	少年相談コーナー	☎029-301-0900
栃木県警察本部	県民相談室	☎028-627-9110
	覚せい剤110番	☎028-624-0919
	ヤングテレホン	☎0120-87-4152
群馬県警察本部	警察安全相談室	☎027-224-8080
	少年育成センター	☎027-254-3741
埼玉県警察本部	けいさつ総合相談センター	☎048-822-9110
	少年サポートセンター	☎048-865-4152
千葉県警察本部	相談サポートコーナー	☎043-227-9110
	少年センター	☎0120-783497
神奈川県警察本部	警察総合相談室	☎045-664-9110
	少年相談・保護センター	☎0120-457867
新潟県警察本部	けいさつ相談室	☎025-283-9110
	ヤングテレホン	☎025-285-4970
山梨県警察本部	総合相談コーナー	☎055-233-9110
	薬物110番	☎055-228-8974
	ヤングテレホン	☎055-235-4444
長野県警察本部	地域安全推進室	☎026-233-9110
	少　年　課	☎026-232-4970
静岡県警察本部	静岡県警察ふれあい相談室	☎054-254-9110
	少年サポートセンター	☎0120-783-410
富山県警察本部	警察本部警察安全相談室	☎076-442-0110
	ヤングテレホン	☎0120-873-415
石川県警察本部	警察安全相談室	☎076-225-9110
	ヤングテレホン	☎0120-497-556
福井県警察本部	警察安全相談室	☎0776-26-9110
	覚せい剤相談係	☎0776-21-4618
	ヤングテレホン	☎0120-783-214
岐阜県警察本部	警察安全相談室	☎058-272-9110
	少年サポートセンター	☎0120-783-800

愛知県警察本部	住民相談室	☎052-953-9110
	ヤングテレホン	☎052-951-7867
三重県警察本部	警察総合相談電話	☎059-224-9110
	少年相談110番	☎0120-41-7867
滋賀県警察本部	警察総合相談室	☎077-525-0110
	少年サポートセンター	☎077-521-5735
京都府警察本部	警察総合相談室	☎075-414-0110
	覚せい剤110番	☎075-451-7957
	ヤングテレホン	☎075-841-7500
大阪府警察本部	警察相談	☎06-6941-0030
	覚せい剤110番	☎06-6943-7957
	少年サポートセンター	☎06-6772-7867
兵庫県警察本部	警察なんでも相談	☎078-361-2110
	覚せい剤110番	☎078-361-0110
	少年相談室	☎0120-786-109
奈良県警察本部	総合相談コーナー	☎0742-23-1108
	覚せい剤110番	☎0742-33-1818
	ヤング110番	☎0742-22-0110
和歌山県警察本部	警察相談課	☎073-432-0110
	覚せい剤相談	☎073-425-4615
	ヤングテレホン	☎073-425-7867
鳥取県警察本部	警察総合相談室	☎0857-27-9110
	ヤングテレホン	☎0857-29-0808
島根県警察本部	警察相談センター	☎0852-31-9110
	覚せい剤相談電話	☎0120-27-4697
	ヤングテレホン	☎0120-786719
岡山県警察本部	さわやかコール	☎086-233-0110
	覚せい剤110番	☎086-233-7867
	ヤングテレホン	☎086-231-3741
広島県警察本部	警察安全相談電話	☎082-228-9110
	覚せい剤相談電話	☎082-227-4989
	ヤングテレホン	☎082-228-3993
山口県警察本部	警察総合相談室	☎083-923-9110
	中部少年サポートセンター	☎0120-49-5150

徳島県警察本部	県民の声110番	☎088-653-9110
	ヤングテレホン	☎088-625-8900
香川県警察本部	警察総合相談センター	☎087-831-0110
	少年サポートセンター	☎087-837-4970
愛媛県警察本部	警察総合相談室	☎0120-31-9110
	少年サポートセンター	☎089-934-0110 (内線3113)
高知県警察本部	警察総合相談電話	☎088-823-9110
	覚せい剤相談電話	☎088-823-4093
	ヤングテレホンコーナー	☎088-822-0809
福岡県警察本部	Hot Line	☎092-641-9110
	薬物110番	☎092-641-4444
	少年サポートセンターハートケアふくおか	☎092-841-7830
佐賀県警察本部	警察総合相談室	☎0952-26-9110
	少年相談総合センター	☎0120-29-7867
長崎県警察本部	警察安全総合相談室	☎095-823-9110
	ヤングテレホン	☎0120-786714
熊本県警察本部	警察安全相談室	☎096-383-9110
	けん銃・覚せい剤相談電話	☎096-384-4444
	肥後っ子少年サポートセンター	☎0120-02-4976
大分県警察本部	警察安全相談	☎097-534-9110
	覚せい剤相談コーナー	☎097-537-8918
	大分っ子フレンドリーサポートセンター	☎097-532-3741
宮崎県警察本部	警察安全相談	☎0985-31-0110
	薬物相談	☎0985-22-5050
	ヤングテレホン	☎0985-23-7867
鹿児島県警察本部	警察総合相談	☎099-254-9110
	薬物相談電話	☎099-255-0110
	少年サポートセンター	☎099-252-7867
沖縄県警察本部	警察安全相談室	☎098-863-9110
	ヤングテレホンコーナー	☎0120-276-556

●厚生労働省地方厚生局麻薬取締部

北海道厚生局麻薬取締部	☎011-726-1000

東北厚生局麻薬取締部	☎022-227-5700
関東信越厚生局麻薬取締部	☎03-3512-8690
関東信越厚生局麻薬取締部横浜分室	☎045-201-0770
東海北陸厚生局麻薬取締部	☎052-961-7000
近畿厚生局麻薬取締部	☎06-6949-3779
近畿厚生局麻薬取締部神戸分室	☎078-391-0487
中国四国厚生局麻薬取締部	☎082-228-8974
四国厚生支局麻薬取締部	☎087-823-8800
九州厚生局麻薬取締部	☎092-431-0999
九州厚生局麻薬取締部小倉分室	☎093-591-3561
九州厚生局沖縄麻薬取締支所	☎098-854-0999

●各都道府県庁・薬物担当課

北海道医務薬務課	☎011-231-4111（代表）
青森県医療薬務課	☎017-722-1111（代表）
岩手県保健衛生課	☎019-651-3111（代表）
宮城県薬務課	☎022-211-2111（代表）
秋田県医務薬事課	☎018-860-1407（直通）
山形県保健薬務課	☎023-630-2332（直通）
福島県薬務グループ	☎024-521-7233（直通）
茨城県薬務課	☎029-301-3388（直通）
栃木県薬務課	☎028-623-3119（直通）
群馬県薬務課	☎027-226-2665（直通）
埼玉県薬務課	☎048-830-3633（直通）
千葉県薬務課	☎043-223-2620（直通）
東京都麻薬対策係	☎03-5320-4505（直通）
神奈川県薬務課	☎045-210-4972（直通）
新潟県医薬国保課	☎025-285-5511（代表）
山梨県衛生薬務課	☎055-223-1488（直通）
長野県薬事管理課	☎026-235-7157（直通）
静岡県薬事室	☎054-221-2413（直通）
富山県くすり政策課	☎076-444-3233（直通）
石川県薬事衛生課	☎076-225-1442（直通）
福井県医務薬務課	☎0776-21-1111（代表）

岐阜県薬務水道課	☎058-272-1111（代表）
愛知県医薬安全課	☎052-961-2111（代表）
三重県薬務食品室	☎059-224-2330（直通）
滋賀県医務薬務課	☎077-528-3631（直通）
京都府薬務室	☎075-414-4786（直通）
大阪府薬務課	☎06-6941-0351（代表）
兵庫県薬務課	☎078-362-3270（直通）
奈良県薬務課	☎0742-27-8670（直通）
和歌山県薬務課	☎073-441-2663（直通）
鳥取県医務薬事課	☎0857-26-7203（直通）
島根県薬事衛生課	☎0852-22-5260（直通）
岡山県医薬安全課	☎086-226-7341（直通）
広島県保健医療局薬務室	☎082-513-3221（直通）
山口県薬務課	☎083-933-3018（直通）
徳島県薬務課	☎088-621-2234（直通）
香川県薬務感染症対策課	☎087-832-3300（直通）
愛媛県薬務衛生課	☎089-912-2390（直通）
高知県医療薬務課	☎088-823-9683（直通）
福岡県薬務課	☎092-651-1111（代表）
佐賀県薬務課	☎0952-24-2111（代表）
長崎県薬務行政室	☎095-895-2469（直通）
熊本県薬務衛生課	☎096-333-2242（直通）
大分県薬務室	☎097-506-2650（代表）
宮崎県医療薬務課	☎0985-26-7055（直通）
鹿児島県薬務課	☎099-286-2804（直通）
沖縄県薬務衛生課	☎098-866-2215（直通）

●その他

各都道府県の精神保健福祉センター（電話番号は省略）
全国の各保健所（電話番号は省略）

（各データは2007年11月現在のもの）